普通高等教育“十一五”电气信息类规划教材

电工电子实习教程

主　编　杨益群

副主编　蒋　亮

参　编　陈新朝　龚　芳　崔蕾蕾

机械工业出版社

本书根据高等工科学校“电工电子实习”课程的教学基本要求，结合作者多年的教学经验组织编写而成。本书在编写中注重培养学生的电学基础知识，强化训练学生的动手操作能力，同时考虑到电工电子实用技术的发展及工科类本科学生“电工电子实习”课程的教学周数，从教学够用的基础出发，精心组织教材内容。全书内容共五章，分别为：安全用电与室内照明、低压电器及电气线路、可编程序控制器及其应用、电子线路基础及制作工艺、电子产品制作。书中各章后设有实训思考题，并配有重点内容单元的实习指导书。书中第一至三章为电工实习的内容，第四、五章为电子实习的内容。

本书适合作为高等工科学校各理工类专业的本、专科及高职学生的实习教材使用，也可供从事电类各专业技术工作的初中级工程技术人员自学使用。

图书在版编目（CIP）数据

电工电子实习教程/杨益群主编. —北京：机械工业出版社，2006.11（2025.7 重印）
普通高等教育“十一五”电气信息类规划教材
ISBN 978-7-111-20333-9

Ⅰ. 电… Ⅱ. 杨… Ⅲ. ①电工技术-高等学校-教材②电子技术-高等学校-教材 Ⅳ. ①TM②TN

中国版本图书馆 CIP 数据核字（2006）第 133928 号

机械工业出版社（北京市百万庄大街 22 号 邮政编码 100037）
责任编辑：闫晓宇 徐 凡 路乙达
版式设计：霍永明 责任校对：吴美英
封面设计：张 静 责任印制：常天培
河北虎彩印刷有限公司印刷
2025 年 7 月第 1 版 · 第 20 次印刷
169mm×239mm · 9.25 印张 · 2 插页 · 184 千字
标准书号：ISBN 978-7-111-20333-9
定价：25.00 元

电话服务
客服电话：010-88361066
010-88379833
010-68326294

网络服务
机 工 官 网：www.cmpbook.com
机 工 官 博：weibo.com/cmp1952
金 书 网：www.golden-book.com
机工教育服务网：www.cmpedu.com

前　言

“电工电子实习”是教育部对高等院校理工类各专业指定的工程实习项目，经过十多年的教学实践证明，对于培养学生工程概念和基本技能有极好的效果，目前已成为全国高等院校各理工科专业学生重要的必修实践环节之一。

本书根据高等工科学校“电工电子实习”课程的教学基本要求，在上海应用技术学院原有讲义的基础上，结合作者多年的教学经验，进行补充、完善而成。本书在编写中注重培养学生的电学基础知识，强化训练学生的动手操作能力，同时考虑到工科类本科学生“电工电子实习”课程的教学周数，从教学够用的基础出发，精心组织教材内容。作为对原有讲义的补充和完善，本书增加了可编程序控制器应用、接地与防雷及室内照明线路的新型材料和电器器件等内容，在电子实习的内容电子产品制作方面较详细地介绍了原理分析和调试方法，并且新编写了各章思考与训练题。全书共五章，分别为安全用电与室内照明、低压电器及电气线路、可编程序控制器及其应用、电子线路基础及制作工艺、电子产品制作，并编写了重点内容单元的实习指导书及附录。其中第一至三章为电工实习的内容，第四、五章为电子实习的内容。

本书的编写人员，主要是来自高校教学实习工厂的工程师，均具有十多年教学实习指导的经历，明确高校学生教学实习的目的，深知高校学生在实习过程中的不足，编写教材时注重内容的针对性。本书第一章由陈新朝编写，第二章由陆继伟编写，第三章由杨益群、崔蕾蕾编写，第四、五章由蒋亮、龚芳编写。杨益群担任本书主编并统稿，蒋亮担任副主编。

本书内容适合高等工科学校各理工类专业的本、专科学生及高职学生教学使用，也可供从事电类各专业工程技术工作的初中级技术人员自学使用。

在本书编写的过程中，得到程奕鸣同志的大力支持和帮助，并为本书的出版做了大量的协调工作，朱慧婷同志负责全书文字编辑工作，在此深表感谢。

由于编者水平有限，不妥之处，敬请广大读者批评指正。

编　者

2006 年 10 月

于上海应用技术学院

目　　录

第一章　安全用电与室内照明

第一节　安全用电及电工基础知识

一、供电网及电源

1. 供电网

发电厂生产的电能，要经过距离不等的输电线路才能送到用电区域和用户。在输电过程中会产生一定的损耗，这主要是由于输电线路存在一定的电阻，电流流过电阻时会消耗电能。为了减少损耗，远距离普遍采用高电压输电。由于发电机发出的交流电电压不能太高，于是要将发电厂生产的电压等级较低的交流电，经过变压器升压，再经过高压线路传输。而用户不能直接利用高压电，因此在用户端需要用变压器把电压降下来。这个过程如图 1-1 所示。

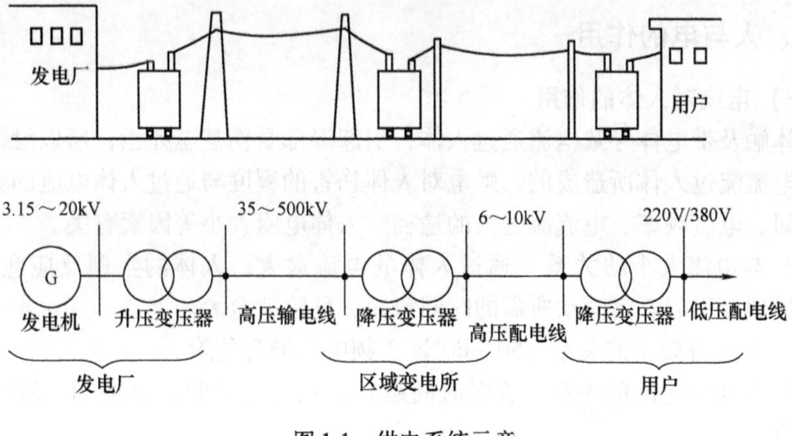

图 1-1　供电系统示意

2. 电源

电源按种类分为交流电和直流电，按性质分为电压源和电流源，电网供给的电源为交流电压源。

（1）交流电　交流电是指大小和方向随时间作周期性变化的电动势、电压和电流。发电厂供给的交流电都是正弦交流电，即电动势、电压和电流随时间按正弦规律变化的交流电。交流电变化一周所经历的时间叫周期，用符号 T 表示，以秒（s）作单位。交流电在1s内变化的周期数叫做交流电频率，用f表示。每秒钟变化一个周期，定为1Hz，我国电力网供给的交流电频率为50Hz。

三相交流电是三个单相交流电的组合。这三个单相交流电频率相同、最大值相等，只是在相位上互差120°。

（2）直流电　直流电是大小和方向都不随时间变化的电压。

二、电路与电流

1. 电路

电路就是能使电流流通的闭合回路。最简单的电路是由电源、负载、导线及开关等部分组成的。

2. 电流

电流是在电路导线中流动的电子流，分为直流和交流电流两种。方向和大小都不随时间变化的电流称为直流电流，方向和大小都随时间作周期性变化的电流称为交流电流。电路中的电流不会自生自灭，由电源产生必回到电源中去。

3. 电路欧姆定律

欧姆定律是反映电路中电压、电流和电阻之间关系的定律，是电路基本定律之一。在工业上应用极为广泛。

三、人与电的作用

（一）电流对人体的作用

人体触及带电体导致电流通过人体，引起局部受伤甚至死亡，所以触电事故是由于电流流过人体所造成的。触电对人体伤害的程度与通过人体电流的大小和持续时间、电流频率、电流流过人的途径、人体电阻大小等因素有关。

（1）与电流大小的关系　通过人体的电流愈大，人体的生理反应愈明显，感觉愈强烈，引起心室颤动所需的时间愈短，危险就愈大。

（2）与电流频率的关系　50～60Hz工频电流最为危险。

（3）与通电时间的关系　通电时间越长，越容易引起心室颤动，故时间越长越危险。

（4）与电流路径的关系　电流流经心脏最危险，较大的电流还会使心脏停跳，导致死亡。因此从左手至胸部是最危险的电流途径。

（5）与人体电阻的关系　人体电阻由体内电阻和皮肤电阻两部分组成，但主要取决于皮肤电阻。人体电阻的变化幅度是很大的，一般在几百欧至几十千欧之间。人体电阻接触带电体的面积愈大、时间愈长，人体电阻就愈小。若接触电压愈高，人体电阻也会急剧下降。

通常，工频电流最危险，1mA的工频电流通过人体时使人有不愉快的感觉，

50mA 通过就有生命危险。

电流对人体的伤害程度见表 1-1

表 1-1　电流对人体的伤害程度

电流/mA	50~60Hz 交流电(有效值)
0.6~1.5	开始有感觉,手轻微颤抖
2~3	手指强烈颤抖
5~7	手指痉挛
8~10	手已较难摆脱带电体,手指尖至手腕均感剧痛
50~80	呼吸麻痹,心脏开始颤动
90~100	呼吸麻痹,持续时间 3s 以上,且心脏麻痹,心室颤动
300 以上	持续 0.1s 以上时可致心跳、呼吸停止;机体组织可因电流的热效应而致破坏

（二）触电原因和形式

1. 触电原因和安全意识

根据多年来对电气事故的分析，发生触电事故的原因不外乎两个方面：首先是电气装置上缺少防止触电的保护措施；其次是不贯彻执行《电气安全工作规程》。由于电气事故的发生是在一瞬间，人往往来不及作任何反应就会造成无法挽回的损失及后果。因此必须十分重视安全用电问题，防止电气事故的发生。

2. 触电形式

触电形式主要有两种：单相触电和两相触电。

（1）单相触电　在触电事故中，60% ~70% 属于单相触电。一般工业、企业的供电变压器中流过的通常都是中性点直接接地的三相交流电，电压通常是交流 380V/220V。单相触电时，加于人体的电流取决于人体电阻和变压器接地电阻的大小等因素，如图 1-2 所示。

（2）两相触电　这种触电是指人体两处同时触及两相带电体而触电。这时加于人体的电压是比较高的线电压，通常是交流 380V，两相触电不管电网中性点接地与否，人体遭受的总是线电压。如图 1-3 所示。

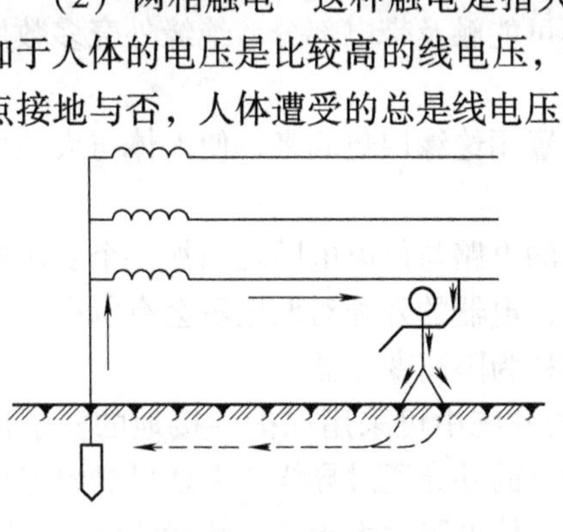

图 1-2　单相触电

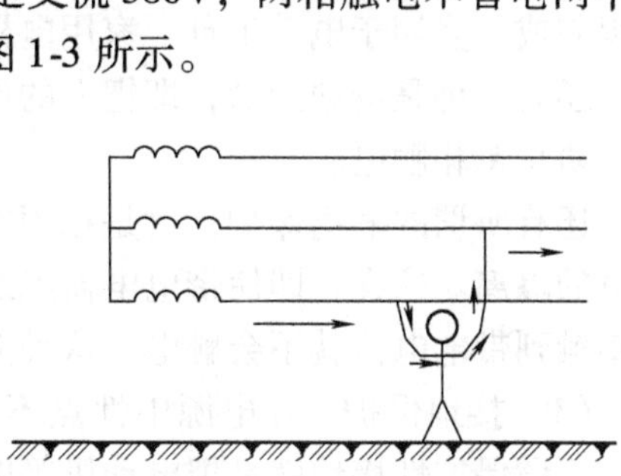

图 1-3　两相触电

四、用电安全

（一）安全电流与电压

流经人体的电流是由人体电阻和人体触电电压决定的。所谓安全电压，就是不会使人体产生严重反应的接触电压。而人体电阻的不同，导致安全电压也不同，如果人体最小电阻为800Ω，通过危险工频电流50mA时，对人体有危险的电压

$$U = 50\text{mA} \times 800\Omega = 40\text{V}$$

因此，我国规定常用的低压安全电压分为42V、36V、24V、12V、6V五种，以36V和24V最为常用。对于干燥和触电危险性较小的环境，其安全电压不高于40V。而对于潮湿和触电危险性较大的环境，其安全电压应不高于12V。

各种接触状态和安全电压见表1-2。

表1-2 各种接触状态和安全电压

类 别	接触状态	安全电压
第一种	人体显著淋湿状态，人体一部分经常接触到电装置金属外壳和构造物时的状态	12V 以下
第二种	除第一种以外的情况，对人体加有接触电压后，危险性高的状态	36V 以下

（二）预防触电措施

1. 保护措施

（1）安全电压保护　凡是移动电器、行灯、手提电动工具、局部照明灯等的电压，都不允许超过36V。在特别危险的生产场地，如非常潮湿、有腐蚀气体或者有导电尘埃、能导电的地面等场合，有时要求安全电压为12V。

（2）绝缘保护　某些电器设备除了工作电路的绝缘以外，还有用全部电气部件的外壳作为第二绝缘。这样，人体就不可能触及带电部分。绝缘外壳多数用塑料制成，多用于电动工具、家用电器等。

还有一种是场地绝缘，即把人的站立位置用绝缘层垫起来，使人体与大地隔离，防止单相触电。

还有所谓的隔离保护，就是在用电设备的电路与供电电网之间加一个变压器作电的隔离。这样，即使带电电器绝缘损坏，电器的外壳对地也不会有电压，人体接触到带电电器就不会触电，这种变压器称为隔离变压器。

（3）接地保护　在电源中性点不接地的系统中可采用保护性接地的安全措施。所谓保护性接地就是把电动机等电力设备的外壳通过导线与大地可靠地连接起来。采用接地措施后，若某相线碰壳时，人体电阻远大于接地装置的电阻，因此电流几乎不从人体通过，从而保障了安全。

接地体可采用埋入地下的钢管、角钢或自来水管。

（4）接零保护　在变压器中性点接地的供电系统中，可将电气设备的外壳与中性线连接起来。当某一相碰壳时，该相与零线之间会有极大的短路电流，它将迅速烧断该相熔丝或使线路中的自动开关动作，在短时内断开故障设备而起到保护作用。

单相用电设备的保护接零采用三眼插座。注意其正确接法是把用电设备的金属外壳接在有接地标志的装置上，并通过插座与中性线相连。要注意正确接零，不能把保护性接零线就近接在用电设备的零线端子上。不正确的接零，当外壳带电而中线断开时就会造成触电。

2. 防护工具

（1）绝缘手套　绝缘手套分别用于 1kV 以下及 1kV 以上两种，由具有绝缘性能的橡胶制成。绝缘手套一般作为使用绝缘棒进行带电操作时的辅助安全用具，以防泄漏电流对人体的异常影响。

（2）绝缘靴　绝缘靴主要作用是防止跨步电压对人体的伤害，它还对泄漏电流和接触电压同样具有一定的防护作用。

（3）绝缘垫　绝缘垫是操作电气设备的辅助安全用具。工作人员在操作电气设备时，用来增加对地的绝缘。

3. 电气防火和防爆

用电不安全会发生电气火灾和爆炸事故。电气火灾和爆炸事故的发生除可造成人身伤亡设备毁坏外，还可能造成大规模或长时间的停电，严重影响生产和人民生活。因此，根据电气火灾和爆炸原因而采取的防范措施是一项综合性措施。大体包括：正确使用电器，选用适当的电气设备与保护装置，并使之正常运行，保持必要的防火间距以及良好的通风等。

五、接地装置与防雷

（一）接地装置

接地装置是安全装置，接地装置由接地体和接地线组成。

1. 接地体

接地体有自然接地体和人工接地体之分，利用自然接地体可以节约钢材，降低接地电阻。但发电厂和变电所都要求敷设人工接地体，接地体应不少于两根（人工接地体都采用钢管、角钢、圆钢和扁钢制作），其中一根可以利用自然接地体。对住宅、办公室、家用电器，可只用二根可靠的自然接地体，但不得利用煤气管。可以利用的自然接地体有：连成一体的金属自来水管、与大地有可靠连接的建筑物金属结构等。人工接地体都采用垂直敷设，垂直敷设的接地体的材料常用直径 40～50mm、壁厚 3.5mm 的钢管或 40mm×40mm×4mm、50mm×50mm

×5mm 的角钢。接地电阻与接地体的入地深度有关，入地较深的比入地较浅的接地电阻要小。所以入地深度一般应大于2.5m。

2. 接地线

除对爆炸性危险场所另有规定外，接地线可利用现成金属构体、配线的钢管和电缆的铝包皮、水管和暖气管等金属管道（除流通燃烧、爆炸性介质的管道）。如果车间电气设备较多，应敷设接地干线，各电气设备分别用接地支线与干线连接，由此构成接地或接零装置的整体。接地干线采用15mm×4mm～40mm×4mm 的扁钢沿车间四周敷设，一般要求离地高度在250mm 以上，离墙距离15mm 以上。

3. 接地装置的安全要求

保护接地装置可靠，对于保障人身安全有十分重要的意义，所以对接地装置有如下安全要求：

（1）导电的连续性　接地装置必须保证电气设备至接地之间或电气设备与电源变压器中性点之间导电的连续性，不得有脱节现象。

（2）连接可靠性　接地装置之间的连接，一般采用焊接和压接。

（3）足够的机械强度　为了保证足够的机械强度，并考虑到防腐蚀要求，接地线和接地体应尽量采用钢材料。接地体的最小尺寸与接零线最小尺寸都有规定，其要求分别见表1-3 和表1-4。

表1-3　钢接零线、接地线和接地体的最小尺寸

材料种类	地上		地下
	屋内	屋外	
圆钢、直径/mm	5	6	6～8
扁钢、截面积/mm^2	24	48	48
厚度/mm	3	4	4
角钢、厚度/mm	2	2.5	4
钢管壁厚/mm	2.5	2.5	3.5

表1-4　铜、铝接零线和接地线最小尺寸

材料种类	铜/mm^2	铝/mm^2
明设的裸导体	4	6
绝缘导体	1.5	2.5
多芯导线电缆接地芯（与相线包在同一保护外层内的接地芯）	1～1.5	1.5

（4）足够的导电能力和热稳定性　接地线除了要满足最小截面的条件外，

还要满足接地适中电流的要求。因此接地线应有足够的导电能力。

（5）防止机械损伤　接地线应尽量敷设在人不易接触的地方，以免意外损伤，但必须同时置于明显处以便于检查。

（二）防雷

雷是一种大气中的放电现象，静电广泛存在于生产、生活和自然界中，雷电和静电的产生都有可能导致重大事故的发生，如设备设施遭到破坏引起火灾、爆炸以及人身伤亡事故等。

1. 雷电的危害

直接受雷和雷电感应伴随出现的极高电压和强大电流是有很大破坏力的，其破坏性主要有三个方面：

（1）电作用的破坏　雷电数十乃至数百万伏的冲击电压可能毁坏电气设备的绝缘，造成大面积、长时间的停电事故。

（2）热作用的破坏　热的破坏作用主要表现在巨大的雷电流通过导体，在极短的时间内转换成大量的热能，造成易燃物的燃烧或造成金属熔化飞溅而引起火灾和爆炸。

（3）机械作用的破坏　巨大的雷电流通过被击物时，瞬间产生大量的热，使被击物内部的水分或其他液体急剧汽化，剧烈膨胀为大量气体，致使被击物破坏或爆炸。此外，静电作用力也具有很强的破坏作用。

2. 防雷措施

防雷包括电力分流的防雷、建筑物等其他设施的防雷。

（1）直击雷的防护　避雷针、避雷线、避雷网等是防护直接雷的主要措施。这些避雷装置由接闪器、引下线和接地装置组成。当发生直击雷时，强大的雷电流通过避雷针等接地体泄入大地，以此使被保护设施免受直接雷击。

（2）雷电感应的防护　雷电感应（特别是静电感应）也能产生很高的冲击电压，在电力分流中应与其他过电压同样考虑。在建筑物中主要应考虑放电火花引起的爆炸和火灾事故。采用建筑物中金属设备、金属管道等接地，接地装置可以和其他接地装置共用，接地电阻应不大于5～10Ω。

（3）雷电侵入之后的防护　当架空线路或管道遭到雷击时，雷击点要产生高电压。如果雷电荷不能就地导入地中，高电压将以波的形式沿着线路管道传到与之连接的设施上，危及设备和人身安全。采用装置避雷器，是防雷电侵入波的主要措施。

第二节　电工常用工具及其使用

电工工具和电工仪表是电工工作必备的用品，正确使用电工工具，不但能提高工作效率和施工质量，而且能减轻疲劳，保证操作安全和延长工具使用的寿命。熟练使用电工仪表，对了解、掌握和控制电路的工作情况至关重要。

一、通用工具

通用工具是指一般专业电工及接线工作人员运用的常用工具。

1. 验电器——携带式电压指示器

验电器是检验导线电压和电气设备是否带电的一种电工常用工具，分高压和低压两类。图 1-4 所示为低压验电器。

钢笔式　　旋具式

图 1-4　低压验电器

低压验电器又称测电笔，或统称电笔，分钢笔式和旋具式二种。检测电压范围为 60 ~ 500V。低压验电器由氖管 3、电阻 2、弹簧 4、笔尾金属体 5 和笔尖 1 等组成。

使用电笔时，必须把笔握妥，以手指触及笔尾的金属体，使氖管小筒背光朝向自己，当用电笔测试带电体时，电流经带电体、电笔、人体到大地形成通电回路，只要带电体与地之间的电位差超过 60V，电笔中的氖管就会发光。

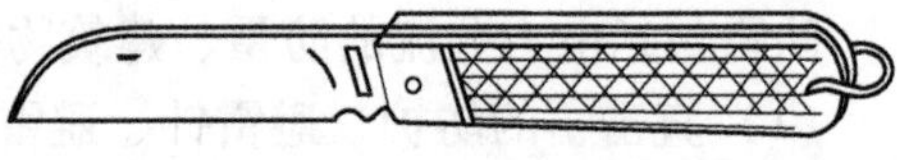

图 1-5　电工刀

2. 电工刀

电工刀是手工剖削电线、电缆绝缘层等的常用工具如图 1-5 所示。电工刀刀柄是不绝缘的，不能在带电导线或器材上剖削，以防触电。

3. 螺钉旋具

螺钉旋具又称螺丝刀，是一种固紧或拆卸螺钉的工具。头部形状有一字形和十字形，以配合不同类型螺钉使用，柄部用木头或有良好绝缘性能的塑料制成，如图 1-6 所示。

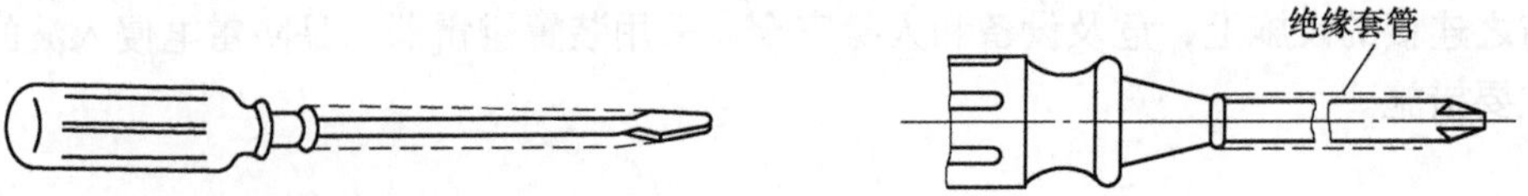

一字形　　十字形

图 1-6　螺钉旋具

4. 电工钢丝钳

电工钢丝钳如图 1-7 所示，其绝缘工作电压为 500V，其具有弯按导线、坚固螺母、剪切导线等作用。使用电工钢丝钳时，应先检查绝缘是否完好，绝缘如果损坏，进行带电作业时会发生触电事故。不得用刀口同时剪切相、零线，以免发生短路故障。

5. 电工尖嘴钳

电工尖嘴钳如图 1-8 所示，其绝缘柄耐压 500V，且尖嘴钳的头部尖细，适用于在狭小的工作空间操作。尖嘴钳能夹持较小的螺钉、垫圈等元件进行施工，在装接控制线路时，尖嘴钳能将单股导线弯成一定圆弧的接线鼻子，带有刀口的尖嘴钳能剪细金属丝。

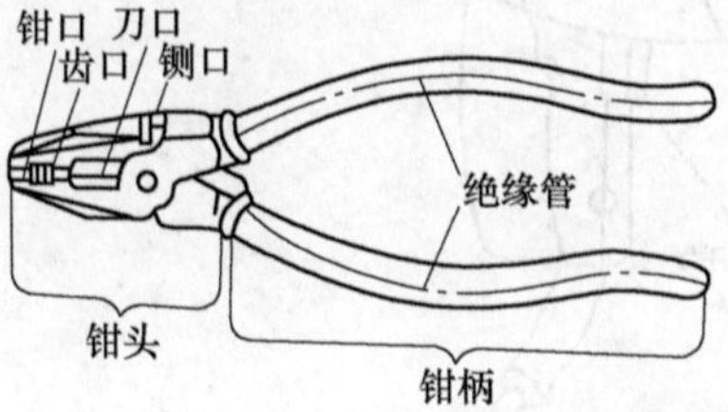

图 1-7　电工钢丝钳

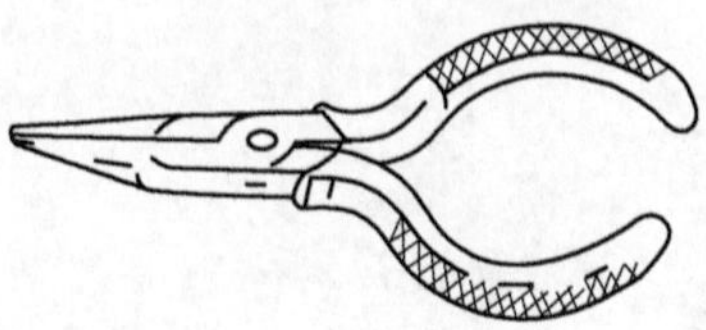

图 1-8　电工尖嘴钳

6. 剥线钳

如图 1-9 所示，剥线钳是用于剥离 $6mm^2$ 以下导线头部的一段表面绝缘层的专用工具。它的特点是使用方便，绝缘层切口处整齐，且不会损伤线芯。

使用时，将要剥去的绝缘长度定好后，即可把导线放入相应的压线口中（压线口比导线直径稍大，以免切伤线芯），用手将钳柄一推，导线的绝缘层即被割破自动弹出。

7. 斜口钳

斜口钳又称断线钳，如图 1-10 所示，它专供剪断较粗的金属丝、线材及电线电缆。电工专用斜口钳绝缘柄耐压 1000V。

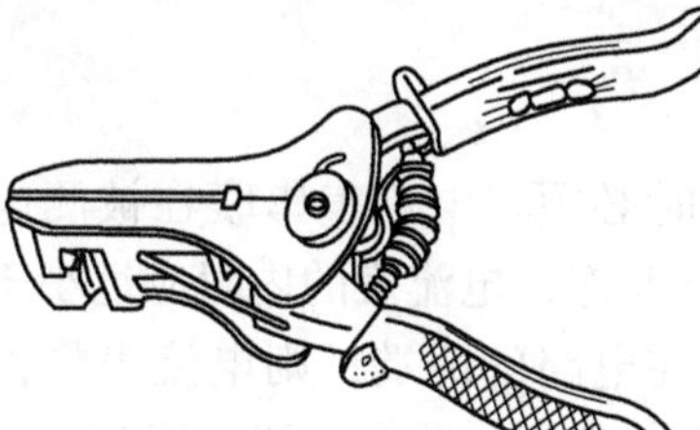

图 1-9　剥线钳

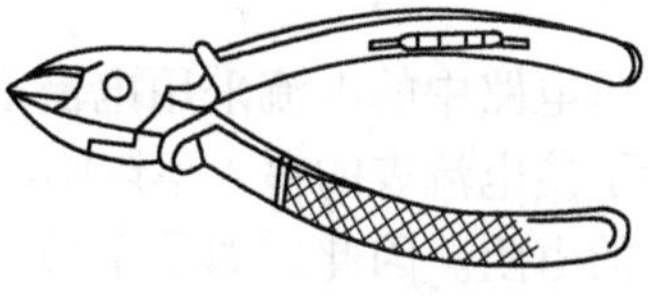

图 1-10　斜口钳

二、专用工具

冲击钻是线路安装专用工具之一，如图 1-11 所示。它是一种电动工具，具有两种功能，其一是可作为普通电钻使用，其二是可用来冲打砌块或砖墙等建筑面的穿越孔和木榫孔。用冲击钻开凿墙孔时，需配专用冲击钻头，常用的有 8mm、10mm、12mm 及 16mm 等多种规格。

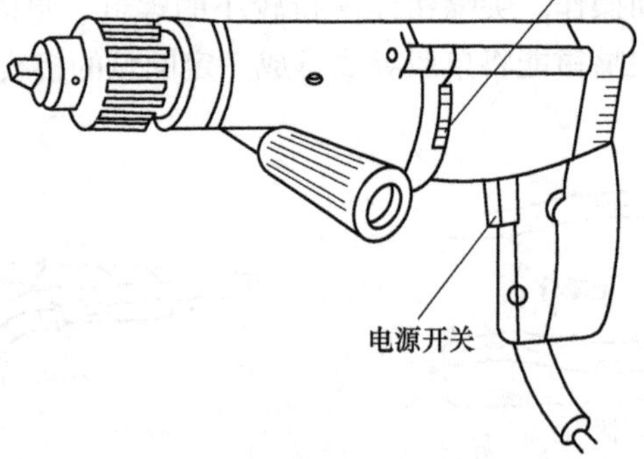

图 1-11　冲击钻

第三节　电工常用测量仪表及其使用

一、电压表及电压测量

测量电路中的电压采用电压表，测量电压时必须将电压表并联在被测电路的两端。为了使电压表并入后不影响电路原来的工作状态，因此要求电压表的内阻远大于被测负载的电阻。由于测量机构本身的电阻是不大的，所在电压表内部串有阻值很大的附加电阻。电压表分交流、直流两种，测量直流电压时若选用磁电式仪表，要注意接线端钮上的极性。

二、电流表及电流测量

测量电路中的电流采用电流表，测量电流时必须将电流表串联在被测电路中。为了使电流表的串入不影响电路原有的工作状态，电流表的内阻应远小于电路负载的电阻。因此，如果不慎将电流表并联在电路的两端，则电流表将被烧毁。电流表分交流、直流两种，一般都选用磁电式仪表。测量直流电流时，要注意接线端钮的极性。

通常在测量电流时需要将被测电路断开，才能将电流表接到被测电路中。而利用钳形电流表则无需断开被测电路，就可以测量被测电流。钳形电流表在使用时将量程开关转到合适量程，手持胶木手柄，将被测导线从铁心缺口引入到铁心中央，被测导线的电流就在铁心中产生交变磁力线，表上出现感应电流。

三、万用表及其使用

万用表是电工测量中最常用的多功能仪表，它的基本用途是测量电流、电压和电阻。它使用方便、便于携带，特别适用于检查线路和检修电气设备。万用表有指针式和数字式两种。指针式万用表一般由高质量的磁电式表头、测量线路和转换开关等组成。数字式万用表因其测量精度高、显示直观、速度快、功能全，故它的灵敏度和准确度比指针式万用表高得多。

四、兆欧表及其使用

兆欧表又叫绝缘电阻表，俗称摇表。它是用于测量各种电气设备绝缘电阻的仪表。

电气设备绝缘性能的好坏，直接关系到设备的运行和操作人员的人身安全。为了对绝缘材料因发热、受潮、老化等原因所造成的损坏进行监测，或检查修复后电气设备的绝缘电阻是否达到规定的要求，都需要用兆欧表测量其绝缘电阻。一般绝缘材料的电阻都在 $10^6\Omega$ 以上。

第四节　常用电工材料及其选用

一、导电材料

导电材料是主要电工材料之一，它与绝缘材料相反，主要用来传导电流，有电阻小、热膨胀系数小、熔点高、密度小、电阻温度系数小、抗拉强度大等特点（导电材料的电阻率约为 $10^{-6} \sim 10^{-2}\Omega \cdot cm$）。

常用导电材料有以下几种。

1. 铜

一号铜其含铜量不小于99.95%。该材料主要用于制作电线、电缆的内导体。二号铜其含铜量不小于99.90%。该材料主要用于制作导电零件。无氧铜主要用于制作电子零件等。

2. 铝

导电用铝一般选用铝含量在99.5%以上的工业纯铝，该材料适用于做低温导体，可用其制作架空导线、电缆或母线。

3. 铜合金

它主要用在电气设备或仪表以及有些特定要求的零件中。

二、绝缘材料及使用

电工材料按其电阻率的大小可分为绝缘材料与导电材料，一般其电阻率≥ $10^9\Omega\cdot cm$ 的为绝缘材料。

常用绝缘材料有六氟化硫、绝缘漆、绝缘胶、变压器油、云母制品、电工用塑料等。

绝缘材料用途很大，在各类电工产品中，绝缘材料起着不同的作用。例如，在橡套电缆中，绝缘材料起着绝缘和保护导体的作用；在油浸式变压器中，变压器油起着绝缘散热作用；在一些开关电器中，绝缘材料还分别起着机械支撑、灭弧等作用。所以电工产品的质量和寿命，往往在很大程度上取决于绝缘材料的优劣。

三、导线线径的选用

1. 导线截面积选择

选择导线的截面积除根据计算负荷电流外，还应考虑线路允许的电压损失、导线的机械强度及与熔断器相配合等因素。导线的安全截流量与保护该导线的熔断器的熔体额定电流之间的关系，一般规定为：

照明线路中，导线安全截流量×(1.5~1.8)≥熔体额定电流量。一般家用照明线路选用1.5~2.5mm^2 铜芯聚氯乙烯绝缘电线为宜。常用塑料绝缘导线的安全截流量见表1-5。

表1-5 500V塑料电线的安全截流量（在空气温度35℃时）

线芯截面积/mm^2	聚氯乙烯绝缘电线安全截流量/A	
	铜　芯	铝　芯
0.75	13	—
1.0	18	—
1.5	23	16
2.5	30	24
4	39	30

2. 相线截面积选择

按允许电压降进行选择，照明线路可近似地视为“无感”（即 $\cos\psi=1$）线路，可按下式选择相线截面积：

$$A\geqslant\frac{\sum M}{C\Delta U_{ld}}=\frac{\sum PL}{C\Delta U_{ld}}$$

式中　A——计算的相线截面积（mm^2）；

$\sum M$——线路的总负荷矩（kW·m）；

P——各负荷的有功功率（kW）；

L——线路各负荷点至线路首端的距离（m）；

C——计算系数，根据电压和导线材料而定（铜导线 220V，C 取 12.56）；

$\Delta U_{ld}\%$——允许的线路电压降的百分数（照明线路允许电压降为 2.5%）。

第五节　室内照明与布线

一、室内照明电路组成

室内照明电路主要由低压熔断器、漏电保护器、开关、电能表、插座及照明电器组成，如图 1-12 所示。

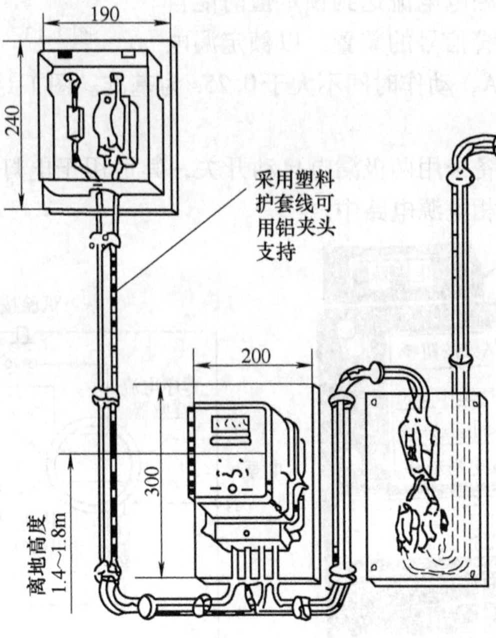

图 1-12　室内照明电路

二、照明电路电器元件及使用

（一）低压熔断器

低压熔断器在低压线路中用于短路保护。

1. 型号及含义

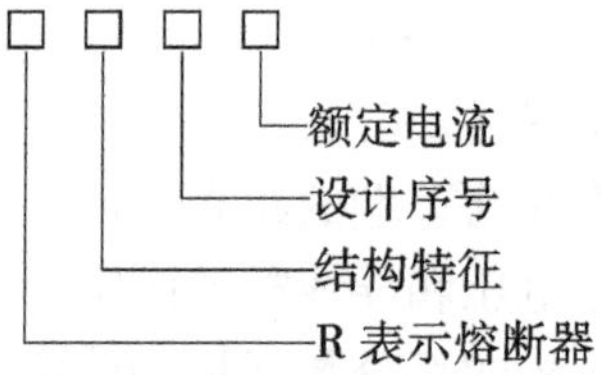

2. 瓷插式熔断器

瓷插式熔断器用于交流分支线路的过载和短路保护。瓷插式熔断器应完整无损，接触紧密可靠，熔体应采用合格的铅合金熔丝（软铅丝）。常用有 RC1A—5、RC1A—10、RC1A—15、RC1A—30 等型号，其外形如图 1-13 所示。

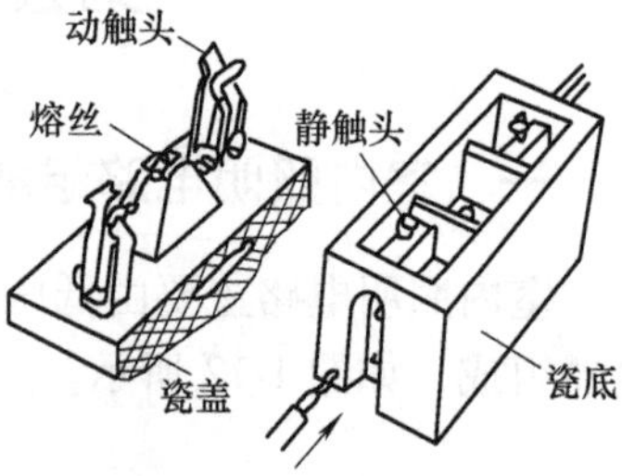

图 1-13 瓷插式熔断器

（二）漏电保护器

漏电保护装置（漏电保护器）是指在一定条件下被保护电路中的漏电电流达到预定值时能自动断开电路或发出报警信号的装置。以额定漏电动作电流不超过 30mA，动作时间不大于 0.25s 为基准。图 1-14 所示为漏电保护器的外形和电路图。

一般室内照明设备采用两极漏电自动开关，其适用于电灯、电扇、电视机、电冰箱、洗衣机等单相电源电路中。

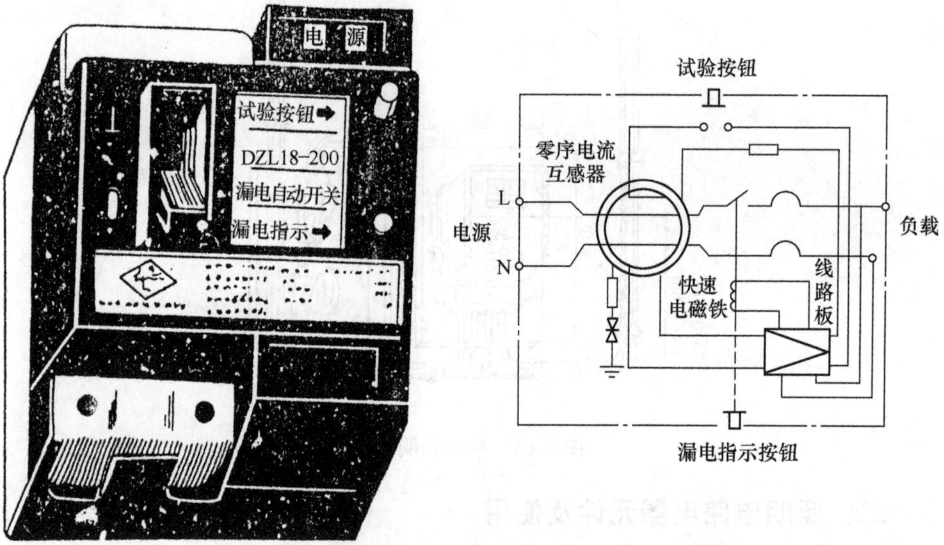

a) b)

图 1-14 漏电保护器

(三) 开关

开关的品种有很多，通常室内用电总开关有双极闸刀开关，C45 型空气开关等。照明灯具控制一般采用单联开关或双联开关。凡是只有一个开关控制的灯具，可用单联开关。凡是两地两个开关控制一个灯具，应用双联开关，如楼上楼下共同控制走道灯，门旁床头共控吸顶灯等。

(四) 插座

二、三眼单相插座是用来提供 220V 电源的电工器材。根据低压接线规定，电源中性线（N）线头连接在插座左边接线桩上，电源相线（L）线头连接在插座右边接线桩上，接地线头连接在插座接地桩上。

(五) 单相电能表及其使用

单相电能表也叫电度表，是用来测量单相交流电路有功电能的仪表，如图 1-15 所示。单相电能表一般采用感应式仪表。

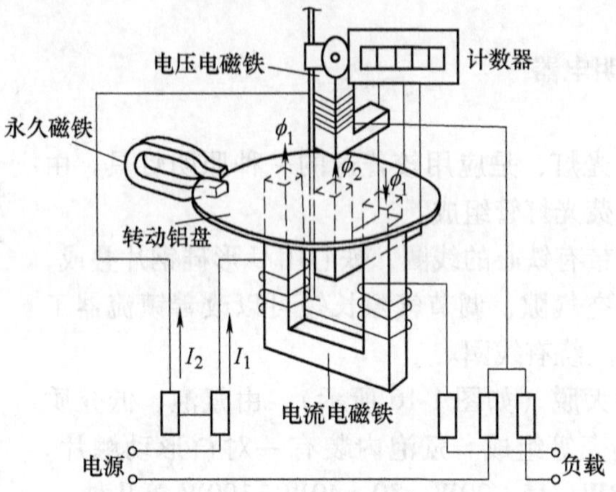

图 1-15　单相电能表

单相电能表主要组成部分如下。

1. 驱动元件

驱动元件是产生电磁转动力矩的元件，由铁心、电压线圈、电流线圈等组成。铁心由硅钢片叠成；电压线圈由匝数很多而截面较小的细绝缘导线绕成，它与负载并联；电流线圈由匝数较少而截面较大的绝缘粗线绕成，它与负载串联。电压线圈和电流线圈产生三个交变磁通，都穿过铝盘，在铝盘内感应产生各自的涡流，并与磁通作用产生转动力矩，驱动铝盘转动，功率越大、转速越快，时间越长、转数越多，从而起到计量电能的作用。

2. 转动元件

转动元件由铝盘和转轴组成。在转轴上装有传递转速的蜗杆，铝盘在转动力矩的作用下连续转动，并通过蜗杆将铝盘转数传递给计数器记录。

3. 制动元件

为使得铝盘在不同转动力矩下产生不同的转速，必须对铝盘有一个与速度成一定比例的制动力矩。制动元件由磁铁和铝盘组成。铝盘在永久磁铁磁场中转动，产生阻尼力矩，铝盘转动愈快，阻尼力矩愈大。

4. 积算机构

用于累积计算铝盘的转数，达到指示负载消耗电能量的目的。由转轴上的蜗杆、蜗轮及计数器组成。

民用单相电能表（电度表）按额定电流分有2.5A、5A、10A、20A等几种，额定电压均为220V。

新型特种单相电能表中有一种分时计费电能表，它利用有功电能表或无功电能表中的脉冲信号，分别计量用电高峰和用电低谷时间内的有功电能和无功电能。

（六）常用照明电器

1. 荧光灯

荧光灯又称日光灯，是应用较普遍的一种照明灯具，由镇流器、起辉器、荧光灯管组成。

镇流器是一个带有铁心的线圈，铁心用U形硅钢片叠成，上下铁心之间有一空气隙，调节气隙长短可以改善镇流器工作电流大小，铁心上绕有线圈。

起辉器又称司大脱（如图1-16所示），由氖泡、低介质电容、出线脚和外壳等组成。氖泡内装有一对∩形动触片。起辉器规格有4～8W、15～20W、30～40W、100W等几种。

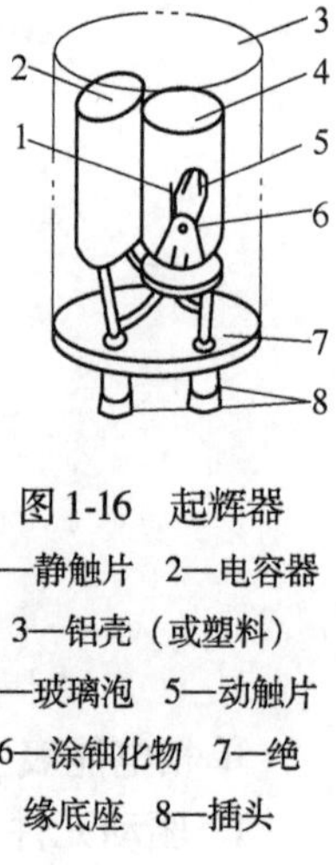

图1-16 起辉器
1—静触片 2—电容器 3—铝壳（或塑料） 4—玻璃泡 5—动触片 6—涂铀化物 7—绝缘底座 8—插头

荧光灯管由玻璃管、灯丝等组成，如图1-17所示。玻璃管内抽成真空后，充入少量汞（水银）和氩等惰性气体，两端分别有钨丝制成的灯丝，灯丝上涂一层氧化钡，管壁涂有荧光粉。灯管常用规格有6W、8W、12W、15W、20W、30W、40W、100W。

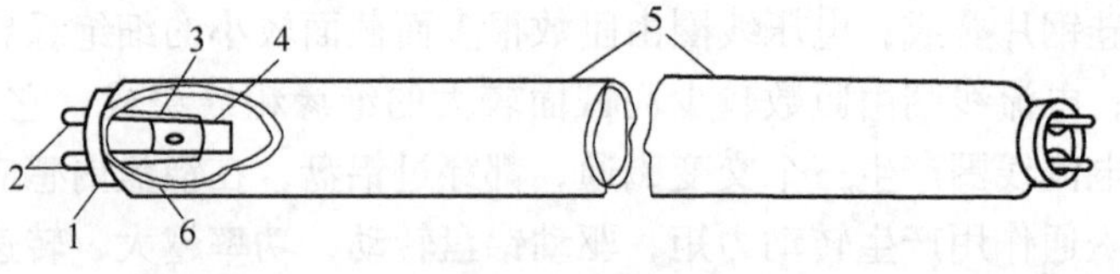

图1-17 荧光灯
1—灯头 2—灯脚 3—玻璃芯柱 4—灯丝（钨丝，电极） 5—玻璃管（内壁涂荧光粉，充惰性气体） 6—汞（少量）

2. 白炽灯

白炽灯由灯丝、玻璃泡和灯头三部分组成。钨丝通过电流时，被升温至白炽发光。灯泡的灯头有插口式和螺口式两种。白炽灯泡按工作电压可分为 6V、12V、24V、36V、110V、220V。常用的有 24V、36V、220V。

在安装灯泡时，应注意使灯泡的工作电压与线路电压保持一致。白炽灯发光效率较低，寿命也不长，但光色较受人们欢迎。

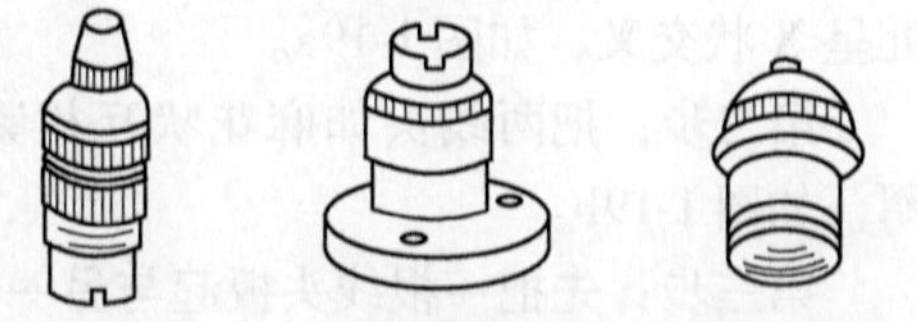

图 1-18 白炽灯灯座

灯座又称灯头，其种类较多，常用的有插口吊灯座、插口平灯座、螺口吊灯座，如图 1-18 所示。螺口灯头上有两个接线桩，为了使用安全必须把电源中性线线头连接在连通螺纹圈的接线桩上，把来自开关的连接线头连接在连通中心簧片的接线桩上。

三、线路布线

（一）布线要求

为了达到安全可靠、整齐美观、布置合理的布线要求，对室内照明布线（配线、接线）有如下要求。

1）照明线路和动力线路应分开设置。

2）配线时，应尽量避免导线有接头。若必须接头时，应采用绞接法、压接法等连接。

3）配线涂色要求：红线为相线（L），蓝线为中性线（N）、黄绿双色线为接地线。

（二）接线基本工艺

1. 导线连接的要求

导线的连接是电气操作者应掌握的基本技能，连接质量的好坏，直接影响工程质量及人身安全。导线连接应符合下列要求。

1）连接要紧密，使连接处电阻最小。若连接松散，连接处接触不良，接触电阻增大，会使接头过热，长时间运行可能烧断。

2）连接处的机械强度与非连接处相同。

3）连接处的绝缘与非连接处的相同。接头处线若裸露，易造成短路、触电事故。

2. 导线连接主要工艺

当导线不够长或要分接支路时，就要将导线与导线连接，常用导线的线芯有单股、7 股、19 股等多种，连接方法随芯线股数的不同而异。下面分情况讲解导线连接的主要工艺。

（1）单股铜芯线的直接连接(如图1-19所示) 直线连接法适用于单芯铜导线，其步骤如下：

第一步：把两根线头在离芯线根部三分之一处呈X状交叉，如图1-19a。

第二步：把两线头如麻花状互相紧绞2～3圈，如图1-19b。

第三步：先把一根线头扳起与另一根处于下边的线头保持垂直，如图1-19c。

第四步：把扳起的线头按顺时针方向在另一根线头上紧绕6～8圈，且应垂直排绕。

第五步：另一端线头的连接方法同第三、四步。

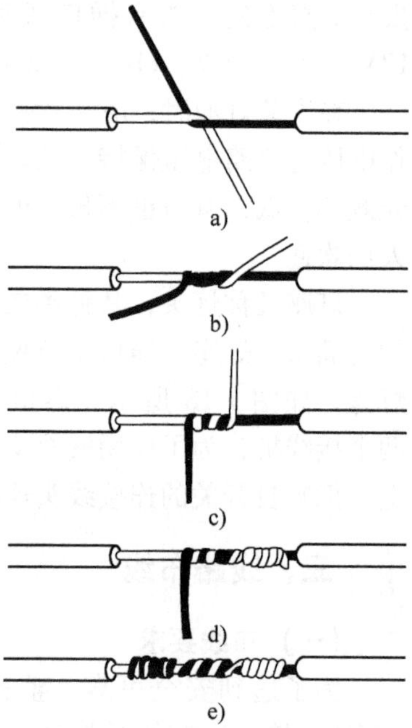

图1-19 单股铜芯线的直接连接法

（2）导线绝缘层的恢复 导线的绝缘层被损后，必须恢复，导线连接后，也须恢复绝缘，而且恢复后的绝缘强度不应低于原始绝缘强度。经常使用的绝缘带有电工黑胶布、3M电工胶带等。使用时，应根据接头的环境和对绝缘的要求，结合各绝缘带的性能来选用。

绝缘带包缠时，应从绝缘层导线最外层开始，用力拉紧，使其粘性紧密，不能过疏，更不允许露出芯线，以免造成触电或短路事故。

（3）导线与接线柱的连接 接线柱又称接线桩或接线端子，在各种用电器件或电器装置上均有接线柱供连接导线用。常用的接线柱有针孔式和螺钉平压式两种。

1）导线与针孔式接线柱的连接。在针孔式接线柱上接线时，如果单股芯线与接线柱插线孔大小适宜，只要把芯线插入针孔，旋紧螺钉即可，如图1-20所示。如果单股芯线较细，则要把芯线折成双根，再插入针孔。

图1-20 导线与针孔式接线柱的连接

如果是多根细丝的软线芯线，必须先绞紧芯线再插入针孔，切不可有细丝露在外面，以免发生短路事故。

2）导线与螺钉平压式接线柱的连接。在螺钉平压式接线柱上接线时，如果是较小截面单股芯线，则必须把线头弯成单眼圈，单眼圈弯曲的方向与螺钉拧紧的方向一致，如图1-21所示。较大截面单股芯线与螺钉平压式接头柱连接时，线头须装接线耳，由接线耳与接线柱连接。

3. 塑料护套线的配线方法

塑料护套线是一种具有塑料保护层的双芯或多芯绝缘导线，具有防潮、耐硬和耐腐蚀、线路造价较低和安装方便等优点。

为了使护套线敷设得平直，可使用铝片线卡夹持，护套线均置于铝片线卡的钉孔拉后，即可按图 1-22 所示方法将铝片线卡收紧夹持护套线。

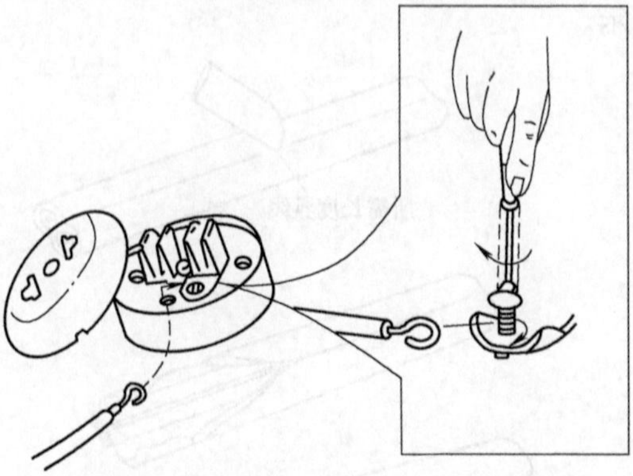

图 1-21　导线与螺钉平压式接线柱的连接

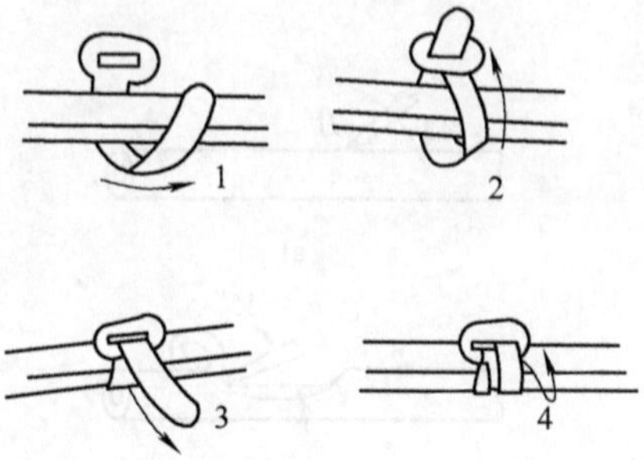

图 1-22　塑料护套线的配线方法

4. 绝缘层剖削

导线在连接前，必须先剖削导线绝缘层，要求剖削后的芯线长度必须适合连接需要，不应过长或过短，且不应损伤芯线。

（1）塑料绝缘硬线

1）用钢丝钳剖削塑料硬线绝缘层。线芯截面积 $4mm^2$ 以下的塑料硬线一般可用钢丝钳剖削，方法如下：按连接所需长度，用钳头刀口轻切绝缘层，用左手捏紧导线，右手适当用力捏住钢丝钳头部，然后两手反向同时用力即可使端部绝缘层脱离芯线，如图 1-23 所示。在操作中应注意不能用力过大，切痕不可过深，以免伤及线芯。

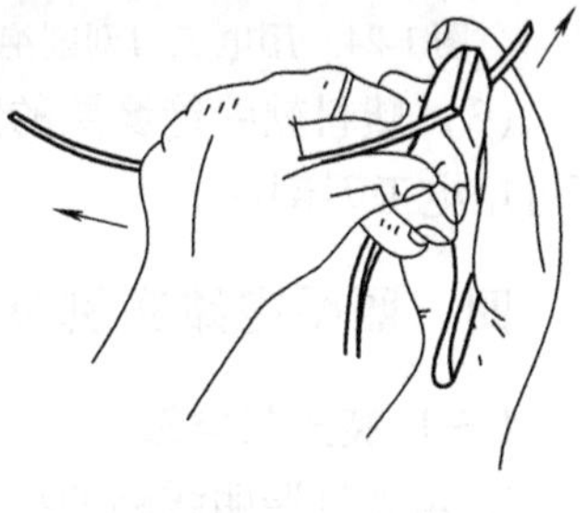

图 1-23　用钢丝钳剖削绝缘层

2）用电工刀剖削塑料硬线绝缘层。按连接所需长度，用电工刀刀口对导线成 45°角切入塑料绝缘层，注意掌握刀口刚好削透绝缘层而不伤线芯线，如图 1-24a 所示。然后压下刀口，夹角改为约 25°后把刀身向线端推削，把余下的绝缘层从端头处与芯线剥开，如图 1-24b、c 所示。接着将余下的绝缘层扳翻至刀口根部后再用电工刀切齐，如图 1-24d 所示。

（2）塑料护套线绝缘层的剖削　塑料护套线只有端头连接，不允许进行中间连接。其绝缘层分为外层的公共护套和内部芯线的绝缘层。公共护套层通常都采用电工刀进行剖削。常用方法有两种：一种方法是用刀口从导线端头两芯线夹缝中切入，切至连接所需长度后，在切口根部割断护套层；另一种方法是按线头所需长度，将刀尖对准两芯线凹缝划破绝缘层，将护套层向后扳翻，然后用电工刀齐根切去。

芯线绝缘层的剖削方法与塑料护套绝缘层剖削方法相同，但切口相距护套层长度一般选 10mm 左右，如图 1-25 所示。

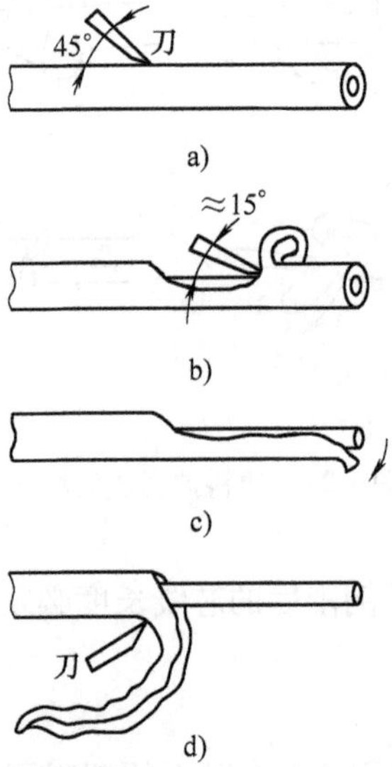

图 1-24　用电工刀剖削绝缘层

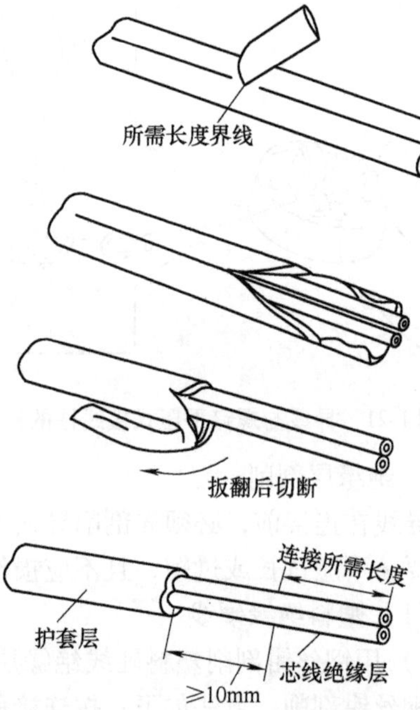

图 1-25　塑料护套线绝缘层的剖削

（3）塑料软线绝缘层的剖削　塑料软线绝缘层只能用剥线钳或钢丝钳剖削，不可用电工刀剖削。

四、照明电路实例及故障处理

（一）荧光灯电路

1. 荧光灯照明线路的结构及原理图

荧光灯又叫日光灯，应用较多。灯架有铝制和铁制两种。规格应与灯管长度相适应。荧光灯的工作原理图如图 1-26 所示。

2. 荧光灯照明线路的安装

荧光灯的安装方法如图 1-27 所示。其接线步骤如下。

1）起辉器座上的两个接线柱分别与两个灯座中的接线柱连接。

2）一个灯座中余下的另一个接线柱与电源的中性线连接，另一灯座中余下的另一个接线柱与镇流器的一个接头连接。

3）镇流器另一个接头与开关的一个接线柱连接，而开关的另一个接线柱与电源的相线（火线）连接。

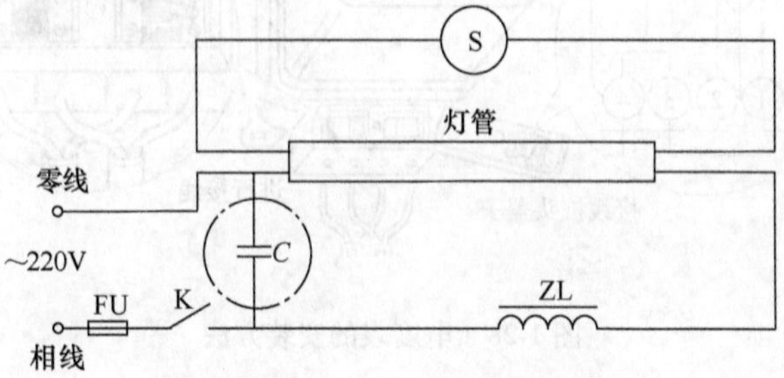

图 1-26　荧光灯的工作原理

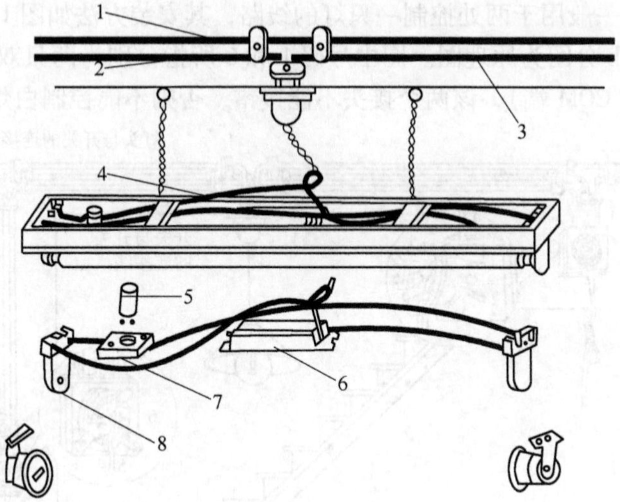

图 1-27　荧光灯的安装方法

1—相线　2—中线　3—灯头与开关的连线　4—木架　5—起辉器　6—镇流器　7—起辉器座　8—灯座

3. 电度表的安装

电度表有单相电度表和三相电度表两种。

单相电度表共有 4 个接线桩，从左到右可按 1、2、3、4 编号。接线方法为号码 1、3 接电源进线，2、4 接电源出线，如图 1-28 所示。

（二）白炽灯电路

白炽灯结构简单，使用可靠，价格低廉，其接线和安装都较简单。

1. 双联开关控制白炽灯

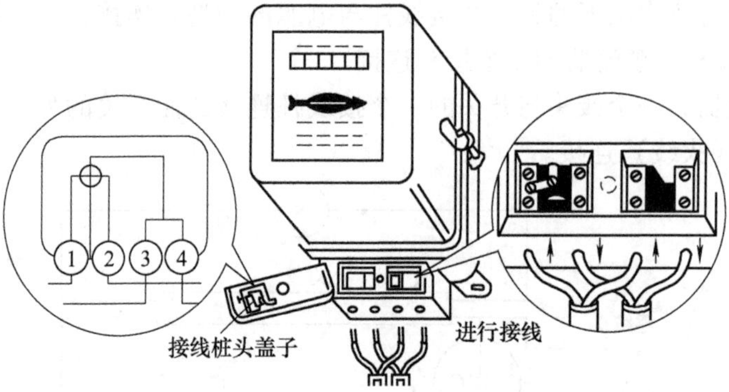

图 1-28　电度表的安装方法

双联开关控制白炽灯是由两只双联开关控制一只白炽灯。

双联开关一般用于两处控制一只灯的线路，其安装方法如图 1-29 所示。a 分图为安装图，b 分图为原理图。图中号码 1 和 6 所指分别为两只双联开关中连铜片的接头（即 COM 端），该两个接头不能接错，否则不能控制白炽灯。

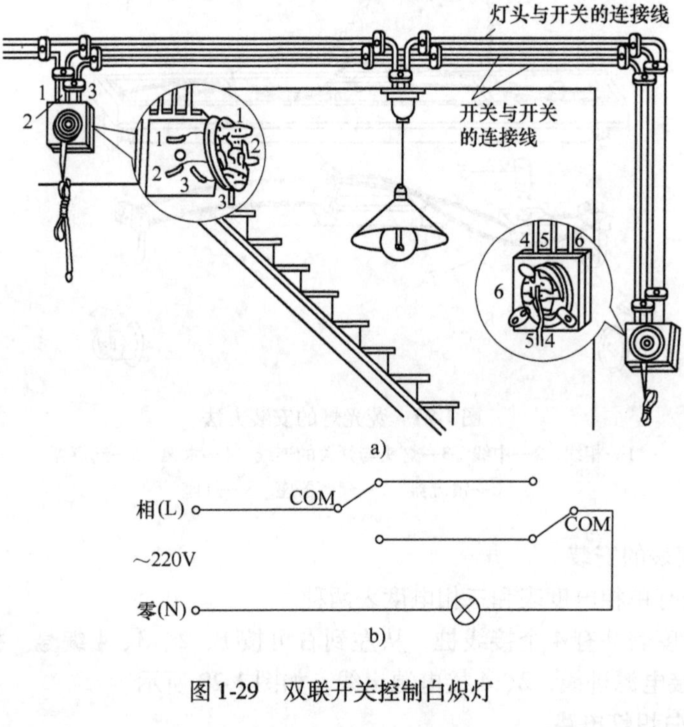

图 1-29　双联开关控制白炽灯

2. 灯座的安装

吊灯灯座必须用两根绞合的塑料软线或花线作为与挂线盒的连接线，且导线两端均应将绝缘层剥去，并在挂线盒盖孔内打个结，使其能承受吊灯的重力。然后将软线两个线头分别穿入挂线盒两个侧孔里，再分别按到两个接线柱上，如图1-30a ~ c 所示。

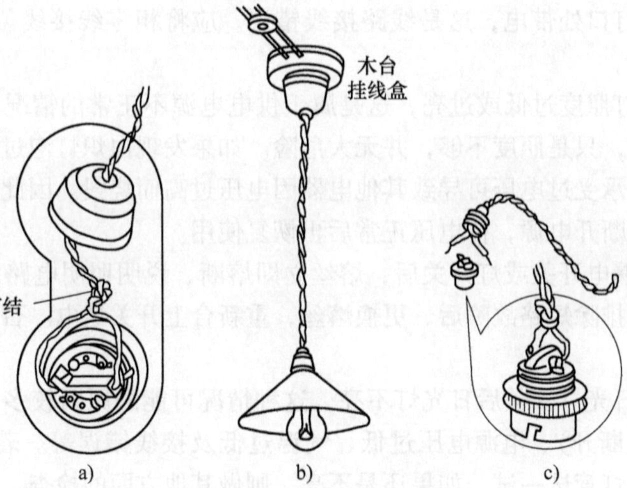

图 1-30　吊灯灯座的安装

3. 插座的安装

插座的种类很多，有单相两极插座、单相三极插座等，如图 1-31 所示。按相数分主要有单相插座和三相插座两类。其安装方法比较简单，主要应该注意：凡带接地接头的，在接线时它要与接地线或接零线相接，而且不可用插座中的中性线作为接地线。

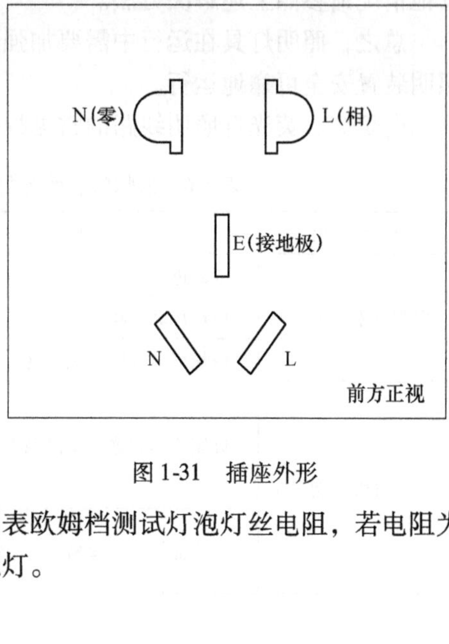

图 1-31　插座外形

（三）故障处理

照明灯具的故障原因是多方面的，需要具体问题具体分析。有的属于外部原因，例如供电电压的高低、线路发生零线断线故障等；有的问题是属于本身的原因，例如接线错误、元件选配不当、灯具质量不良、安装质量不良等。常见故障及处理方法如下。

1）打开开关后白炽灯不亮，这时首先检查灯泡的灯丝是否断开，可用万用表欧姆档测试灯泡灯丝电阻，若电阻为无穷大，则说明白炽灯已坏，应更新白炽灯。

如果白炽灯灯丝未断开，则检查供电系统是否有电，可用验电器检查，属于哪部分故障就解决相应部分。例如，熔断器断开，更换熔丝；线路断线，检修断线部分；灯口接触不良、损坏，则更换灯口；开关损坏，更换开关。

2）螺口灯口处带电，这是线路接线错误，应将相零线接线位置互换一下，就可以解决了。

3）白炽灯照度过低或过亮，这是属于供电电源不正常的情况。白炽灯照度低是电压过低，只是照度不够，并无大危险。如果发现白炽灯泡过亮，则有很大危险，长时间承受过电压可导致其他电器因电压过高而烧毁。因此，发现这种现象，设法立即断开电源，待电压正常后再恢复使用。

4）合上漏电开关或灯开关后，熔丝立即熔断，说明照明电路内部有短路故障，必须首先排除短路故障后，更换熔丝，重新合上开关送电。否则可能造成事故扩大。

5）合上日光灯开关后日光灯不亮，这种情况可能的原因较多，主要有：灯管损坏（灯丝断开）、电源电压过低、气温过低及接线错误等。若属上述情况，首先用一只新灯管试一试，如果还是不亮，则做其他方面的检查。

6）日光灯发光困难或灯管仅两端发亮，灯光闪烁，主要原因有接线错误或灯座的灯脚接触不良；镇流器配备不当或内部虚接线；起辉器断线或起辉器中电容短路，触点烧坏；灯管使用时间过久等。

7）双联开关控制一只灯不亮。首先检查双联开关中连铜片桩头 COM 端是否接错，如果接错，改正接线；其次检查开关是否损坏，如果损坏，更换开关。其他情况请参照上述解决方法。

总之，照明灯具在运行中需要加强维护，发现故障要立即解决，这样才能使照明装置安全可靠地运行。

白炽灯、荧光灯照明线路的常见故障分析见表 1-6。

表 1-6　白炽灯、荧光灯照明线路的常见故障分析

故障现象	产生原因	检修方法
白炽灯不亮	电源进线	用测电器或万用表检查电源是否正常
	白炽灯灯丝断	检查白炽灯是否好
	白炽灯与灯座接触不良	灯座中心簧片是否脱落
日光灯管不能发光	灯座或起辉器底座接触不良	转动灯管，使灯管和灯座四夹座接触，使起辉器两极与底座二铜片接触，找出原因并修复
	灯管漏气或灯丝断	用万用表检查或观察荧光粉是否变色，确认灯管坏，可换灯管

（续）

故障现象	产生原因	检修方法
日光灯管不能发光	镇流器线圈断	调换镇流器
	电源电压过低	不必修理
	日光灯接线错误	检查线路
双联开关控制一只灯不亮	双联开关连铜片接桩头接错	检查线路
	双联开关连铜片接触不良	检查双联开关连铜片是否脱落与完好

思考与训练题

一、是非题

1. 50mA 直流电通过人体就有生命危险。…………………………… (   )
2. 单相触电是最主要的触电形式，所占百分比最高。……………… (   )
3. 两相触电要比单相触电的危害更严重…………………………… (   )
4. 有些国家使用的 110V 电压是安全电压。………………………… (   )
5. 熔断器是一种用于短路保护兼作过载保护的电器元件。………… (   )
6. 常规家用漏电保护器的动作电流不超过 50mA。………………… (   )
7. 室内照明布线应遵循“相线进开关，零线进灯头”。…………… (   )
8. 布线工艺应“横平竖直，接线头处留有余量”。………………… (   )
9. 常用照明灯具负载只需一根相线和一根接地线就能安全正常工作。…………………………………………………………… (   )
10. 电气缘故、用电不当是造成火灾事故的最主要原因之一。…… (   )

二、选择题

1. 室内照明布线时，蓝色导线是作为________之用。

（A）相线　　（B）零线　　（C）接地线

2. 螺口灯头接线要求中心簧片接________。

（A）相线　　（B）零线　　（C）接地线

3. 低压配电系统中两相触电时电压为________。

（A）110V　　（B）220V　　（C）380V

4. 二眼插座的接线要求是________。

（A）左地右相　　（B）左零右相　　（C）左相右零

5. ________电流对人体的伤害最为严重。

（A）直流　　（B）高频交流　　（C）工频交流

6. 人处于________状态下用电最危险。

（A）赤脚站立雨水中　　（B）身体受到淋湿　　（C）在木地板的居室内

7. 电笔测试带电体时，电流经带电体、电笔、________到大地形成通电回路。

(A) 电线　　　　(B) 人体　　　　(C) 大气

三、问答题

1. 人体电阻一般是多少？多大电流对人有危险，多大能致命？

2. 户内线路大部分都用绝缘导线，为什么导线还常敷设在绝缘子上？

3. 在包胶布或塑料时，为什么应从被包导体的下方向上包，而不是从上方向下包？

4. 机床照明灯和行灯及手持电钻等为什么要规定使用36V或以下的电压？

5. 电气设备分为高压、低压，并以对地电压250V为界，那么低压是否为安全电压？

6. 电压同样为220V的直流电和交流电（工频），哪一种对人的危险大，为什么？

7. 为什么高频率的交流电比普通50Hz或60Hz的交流电更为安全？

8. 为什么50～60Hz的交流电对人体的伤害最厉害？

9. 为什么普通照明用的白炽灯不完全是真空，而是充有少量的惰性气体？

10. 为什么有的荧光灯在接通电源后，有时灯管两端发红，但始终不能点亮？

11. 采用380V/220V作为照明电压比220V/127V有哪些优点？

12. 电气设备外壳的保护接地线，为什么不宜采用黑铁管打入地中？

13. 自来水管子是不是很可靠的接地体？

14. 为什么建筑物的避雷针不允许使用建筑物内部的钢筋作接地引下线？

15. 避雷针的表面可以涂漆吗？

16. 通常各种电气设备、配电网络、家用电器等由于设计不周，器材本身质量和安装使用不当会出现哪些常见事故。

17. 预防触电有哪些保护措施？

18. 有一民工被雇用钻凿厨房排烟孔，在钻孔时不慎将墙内敷设的相线绝缘层打破，致使该民工触电倒地身亡。经事后检查发现楼内熔断器中的熔体采用违规铜丝，另外冲击钻连接采用普通二眼插座，该民工（天气较热）赤脚登铝梯操作。请分析什么原因和缺陷致使民工身亡，有什么方法可避免此类事故。

19. 怎样使用万用表判断二极管正负极与好坏。

20. 怎样用万用表判断晶体管的类型和管脚？

四、画出用两个双联开关控制一个220V白炽灯的接线原理图。

第二章 低压电器及电气线路

所有可以对电能进行运送、接通、断开、控制、检测以及转换的元件统称为电器。而低压电器是额定工作电压在交流1000V、直流1200V以下的各种电器。

电气线路是指由各电器元件的标准图形符号、文字符号、连线符号等按照控制要求而画的电气线路图以及按图制作的电气控制系统。

低压电器及低压电气线路广泛应用于输配电系统、自动控制设备以及百姓日常生活等各领域。随着科学技术的不断发展，新的低压电器元件品种不断涌现，几乎深入到我们生活的每个领域。

第一节 低压电器

低压电器的系列林立、品种繁多，不能尽列。本节主要介绍配电和控制系统中常用的低压电器的基本性能、使用场合、选用方法及其发展趋势。

一、继电器

继电器是能精确分辨输入信号大小并根据输入信号变化去接通或断开控制回路的控制元件。输入信号可以是各类电量或非电量信号，比如电压、电流、温度、时间、位移等。输出则是触点动作（无触点类继电器，输出是电参量变化）。它主要用于控制回路中的信号处理，而不直接用于主回路。所以它的输出触头容量都很小，不需要灭弧等其他装置，可以做得小而简单。根据继电器处理的信号源或在控制系统中的作用，可以分为热继电器、速度继电器、时间继电器、电流电压继电器、中间继电器等。

1. 电流电压继电器

电压继电器分欠电压继电器和过电压继电器，使用中以欠电压继电器为主，用于欠电压或零电压保护。

电流继电器也分过电流和欠电流两种。过电流继电器用于控制线路的过载保护或短路保护。继电器的线圈串联在主回路中，当主回路发生过载、短路，其电流超过整定值时，继电器动作启动保护线路。其实两种继电器的结构原理完全一样，只是整定的电流参数的参照矢量不同，一个是超过整定电流动作，一个是低于整定电流动作。

2. 中间继电器

中间继电器是用于对信号进行传输、转换、放大或将信号分路多个控制单元的继电器。其实质是电压继电器，工作原理和结构与接触器基本相同。它通过电磁线圈产生电磁力拉动常闭触头或常开触头去控制接触器等电器元件。

3. 时间继电器

时间继电器是将信号延时发送的继电器，即当继电器电磁线圈接到信号后延时规定的时间闭合或分断触头。根据其延时机构原理不同，分为电子式、电动式、空气阻尼式等多种类型的时间继电器。同一类型的时间继电器又分成通电延时型和断电延时型两大类。

4. 热继电器

热继电器是用于电动机发生过载时启动保护线路的继电器。其原理是：利用双金属片遇热会弯曲的特性，在电动机主回路上串联热元件，正常电流经过热元件时产生的热量使双金属片弯曲的程度不足以推动触头动作；而当电动机过载时，流过热元件的电流增大，热量上升使双金属片弯曲增大，推动触头动作，启动保护线路。其工作原理如图 2-1 所示。

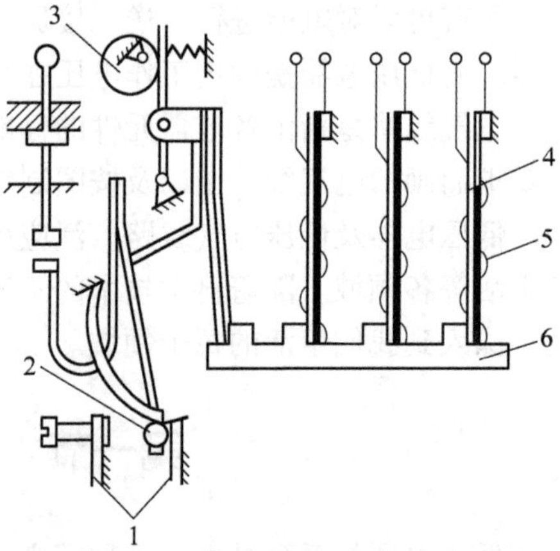

图 2-1 热继电器的工作原理

1—静触头 2—动触头 3—整定电流调节旋钮

4—双金属片 5—电阻丝 6—导板

二、接触器

接触器是一种用来频繁接通或切断大容量交直流主电路的电器。人们可以通过接通接触器的线圈电源，使线圈产生电磁力带动触头闭合，或可以断开接触器的线圈电源，利用接触器的反作用力弹簧将触点断开。这样可以远距离控制大容量交直流电路电源的接通或断开。接触器是电力拖动系统使用最广泛的电器。接触器的结构如图 2-2 所示。

1. 电磁系统

在图 2-2 中，当电磁系统中的接触器吸引线圈通电时，将动衔铁吸下，由连杆带动触头的动触片向下，接通常开触头。当吸引线圈失电，电磁力消失，动衔铁在弹簧力的作用下，带动连杆和动触片反弹回去，断开常开触头，接通常闭触头。其中的短路环用来消除交流电过零时造成的吸引电磁线圈的振动和噪声，也可称短路环为减震器。如果是直流接触器，吸引线圈就不需要短路环，因为没有交流电的过零问题。但在直流电磁系统中，动衔铁与定衔铁之间常会垫一些非磁性材料，以减少剩磁的影响。

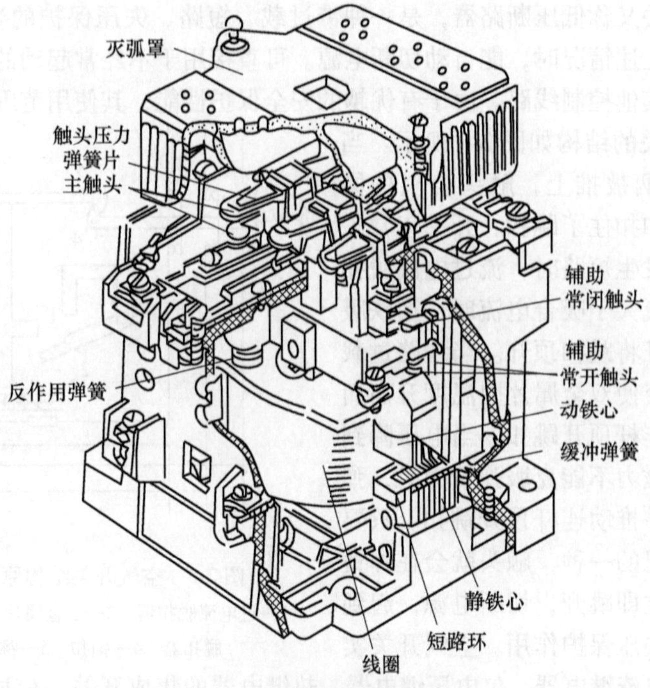

图 2-2 接触器结构图

2. 触头系统

接触器的触头分为主触头和辅助触头。主触头用于通断主回路，交流接触器都有 3 副常开主触头。辅助触头用于控制回路。各类型号的接触器所含辅助触头的数量是不尽相同的，可根据需要选择。现在新型接触器常带有机械扩展接口，可随需增加辅助触头数量。

3. 灭弧系统

因为接触器可控制大容量设备而必须考虑灭弧问题。额定电流 10A 以上的接触器都有灭弧系统。一般容量接触器常采用双断头触头灭弧，电动力灭弧，相间弧板隔弧，灭弧罩等形式。大容量接触器则采用纵缝灭弧罩栅片灭弧。而直流接触器的触头切断主回路时，灭弧更困难，一般都是采用磁吹灭弧。

4. 接触器的选择

接触器的额定电压、额定电流要大于负载回路的电压电流。吸引线圈的额定电压与控制电路的电压必须一致。接触器的主触头数、辅触头数以及种类，应满足主电路和控制回路的要求。

三、空气开关与开关

（一）空气开关

空气开关又称低压断路器，是一种带过载、短路、失压保护的半自动开关。当电路发生上述情况时，能自动切断电源。可直接用于不经常起动的电动机的控制及照明等其他控制线路。由于有优越的安全保护性能，其使用范围越来越广。

空气开关的结构如图 2-3 所示。当开关操作手柄被推上，触头合上的同时，也将锁扣扣住了跳扣，开关正常工作。当线路发生短路时，流过电磁脱扣器线圈的电流大于吸合电流时，衔铁吸合，推动连杆将跳扣顶开。当线路过载时，过载电流使双金属片因温度升高而弯曲，推动连杆顶开跳扣。当电压降到电压线圈的磁力不能克服弹簧力时，弹簧拉动衔铁并推动连杆顶开跳扣。只要发生前述情况的一种，触头就会在弹簧力的作用下立即跳开，切断电源，起到短路、过载失压保护作用。空气开关实际是内含过电流继电器、欠电压继电器、热继电器的集成开关。（注：不是所有空气开关都有失压脱扣功能，一般只有设在配电站房内的空气开关具有失压脱扣功能。）

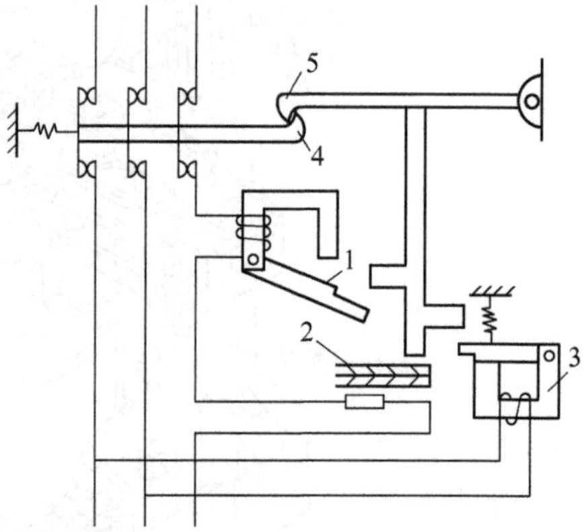

图 2-3　空气开关结构原理图
1—过电流脱扣器　2—双金属片　3—失压脱扣器　4—锁扣　5—跳扣

空气开关的选用方法：

1）空气开关的额定电压、电流应大于负载正常工作电压、电流。过载热保护整定电流应等于被控电机或负载的额定电流。

2）空气开关的瞬时脱扣额定电流值应大于负载正常工作时的峰值电流。一般情况下，主要指大于电动机的起动峰值电流。

（二）开关

开关是接通或断开负载电路的电器。根据操作方法和使用目的的不同，分为刀开关、负荷开关等。

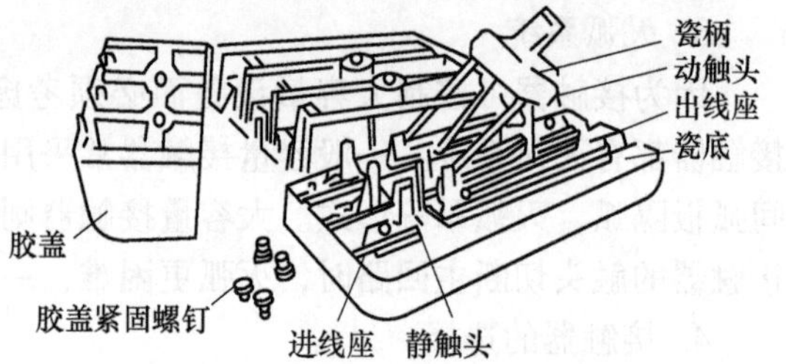

图 2-4　刀开关结构图

1. 刀开关

刀开关是一种手动操作的结构最简单的开关电器。适用于交流 380V、直流 440V、额定电流 1500A 以下工矿企业的配电设备中。主要用于接通或断开长期工作电器设备的电源，检修时起隔离电源作用。不可作频繁带载操作。

刀开关由操作手柄、刀片、静插座和底板组成，如图 2-4 所示。安装时，其底板要平行于重力线，手柄朝上推为合上。如果倒装，可能导致拉闸后因手柄自重下落而将开关错误地合上，造成人身和设备安全事故。接线时，应将电源进线接在开关的上接线柱，负载线接下接线柱。这样可以保证拉闸后与刀片连接的操作手柄和电源脱离，保证安全。

2. 负荷开关

负荷开关又称铁壳开关，它适用于交流额定电压380V、直流额定电压440V、额定电流小于60A的各种电器装置和配电设备。它与刀开关一样，也是用于不频繁接通或断开的长期工作电源。随着现在自动空气开关的普及使用，该类型开关的使用率正在逐年下降。

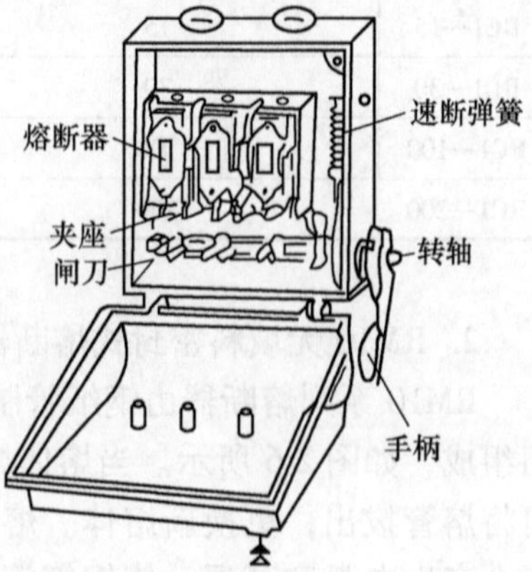

图 2-5　负荷开关结构图

负荷开关的结构如图2-5所示。三把触刀固定在绝缘轴上，绝缘轴与铁壳的手柄连接。手柄与铁壳间有一对机械联锁机构，保证铁壳盖子被打开时，手柄不能合闸，只有关上铁壳盖子才能合闸，保证操作安全。合闸和拉闸是由速动弹簧机构保证的，手柄只要推动到一定的位置，就由速动弹簧以很快的速度来合上（或断开）触刀，有利于减少电弧，提高使用寿命。

四、熔断器

（一）熔断器的工作原理和作用

熔断器是配电网络或控制设备中用来作短路保护的电器。当电路工作在正常状态时，熔断器仅作为导体串接在电路中。当电路发生短路或严重过载时，串接在电路中的熔断器熔断，切断电路，保证用电安全。在电路检修时，它可以像刀开关一样作为明显断路点。随着空气开关的普及使用，熔断器的使用率正在下降。

（二）熔断器的结构

熔断器由熔体、安装熔体的熔盒和触刀组成。熔体由易熔金属材料铅、锌、锡、银、铜及其合金组成。熔断器有管式、插入式、螺旋式等形式。

1. RC1 瓷插式熔断器

RC1 熔断器是瓷插式半封闭结构熔断器，主要用于380V/200A以下配电电路中。主要技术数据见表2-1。

RC1 熔断器因其结构简单、更换熔体方便而得到广泛使用，但因其是半封闭结构，熔化特性不稳定，且熔断时有声光现象而不能用于重要场合，更应禁止在易爆多尘场合使用。

表 2-1 RC1 系列熔断器主要技术数据表

型　号	熔断器额定电流/A	可配熔体额定电流/A	额定电压/V
RC1—10	10	1、4、6、10	380
RC1—15	15	6、10、15	
RC1—30	30	20、25、30	
RC1—100	100	80、100	
RC1—200	200	120、150、200	

2. RM10 无填料密封式熔断器

RM10 系列熔断器由钢纸管制成的熔管、可拆卸式端帽、变截面锌熔体及触刀组成，如图 2-6 所示。当熔体熔断后，可将熔管拔出，更换新熔体。熔体熔断时会产生电弧和高温，使钢纸管局部分解而产生的气体会吹灭电弧。该熔断器的分断能力较低，适用于小容量配电线路。其主要技术数据见表 2-2。

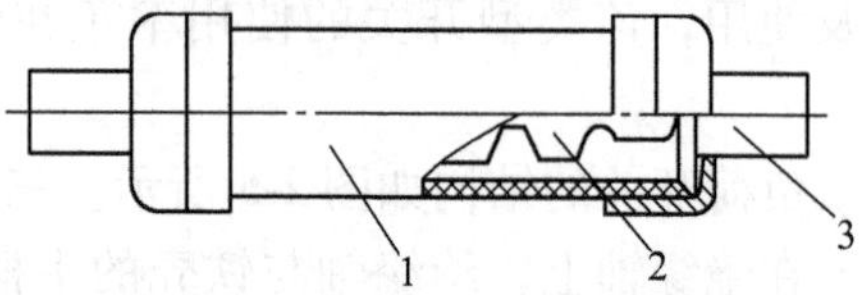

图 2-6 RM10 熔断器结构图
1—熔管 2—熔体 3—触刀

表 2-2 RM10 系列熔断器主要技术数据表

型　号	熔断器额定电流/A	可配熔体额定电流/A	额定电压/V
RM10—15	15	6、10、15	200、380、660
RM10—60	60	15、20、25、35、45、60	
RM10—100	100	60、80、100	
RM10—200	200	100、125、160、200	
RM10—350	350	200、250、260、300、350	
RM10—600	600	350、450、500、600	
RM10—1000	1000	600、700、850、1000	

3. RL1 螺旋式熔断器

RL1 螺旋式熔断器由底座、瓷帽、瓷套、熔断管、熔断指示窗组成，如图 2-7 所示。熔断管两头有铜帽，内部填充石英砂，熔断管内的熔体一头接在熔断管一端铜帽上，另一头连接在另一端带有弹性零件的铜帽上。

当熔体熔断后，铜帽上的弹性零件弹出，落在瓷帽上的熔断指示窗内，指示熔体已熔断。检修时只要拧出瓷帽，取出熔断管，换同规格熔断管装入瓷帽，再拧到底座上即可。该种熔断器因其体积小、装卸方便，广泛用于额定电压为交流 500V 以下的控制电路中。其主要技术数据见表 2-3。

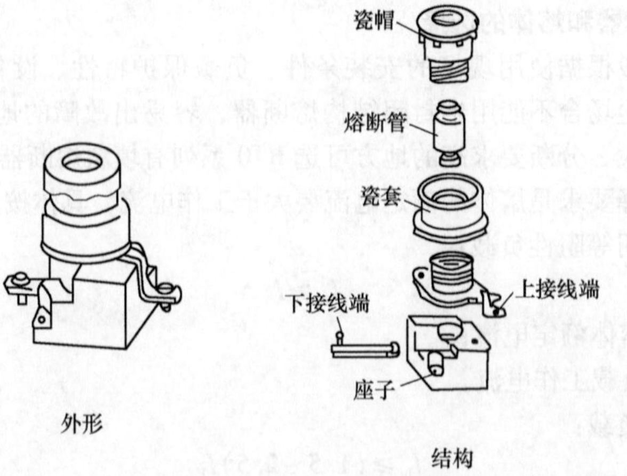

图 2-7　RL1 熔断器结构图

表 2-3　RL1 系列熔断器主要技术数据表

型　号	熔断器额定电流/A	可配熔体额定电流/A
15	15	2、4、6、10、15
60	60	20、25、30、35、40、50、60
100	100	60、80、100
200	200	100、125、150、200

4. RT0 系列有填料熔断器

RT0 系列有填料熔断器由底座、熔管组成，如图 2-8 所示。熔管内装熔体并充填石英砂，两头是触刀。在熔管的一头有熔断指示器，它是一个带色的小铜柱，当熔体熔断后，小铜柱弹出，突出在熔管的一端。该熔断器购买时附有一只操作手柄，更换熔管非常方便。其主要技术数据见表 2-4。

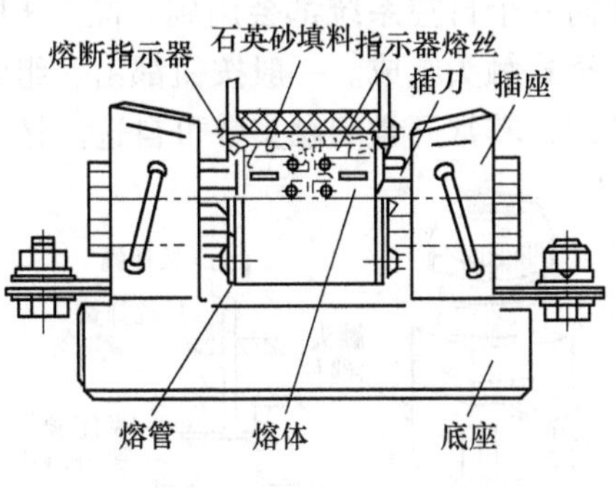

图 2-8　RT0 熔断器结构图

表 2-4　RT0 系列熔断器主要技术数据表

型　号	熔断器额定电流/A	可配熔体额定电流/A	额定电压/V
RT—50	50	5、10、15、20、30、40、50	AC 380、DC 400
RT—100	100	30、40、50、60、80、100	
RT—200	200	80、100、120、150、200	
RT—400	400	150、200、250、300、350、400	
RT—600	600	350、400、450、500、550、600	
RT—1000	1000	700、800、900、1000	

（三）熔断器和熔体的选择

熔断器一般根据使用现场的安装条件、负载保护特性、设备容量来进行选择。如易爆多尘场合不能用半封闭结构熔断器，容易出故障的地方选可拆式的，配电柜等容量大、分断要求高的地方可选 RT0 系列有填料熔断器。

熔体的选择要求是熔体的额定电流要大于工作电流，具体按负载特性计算。

电炉、照明等阻性负载：

$$I_{fu} \geqslant I$$

式中 I_{fu}——熔体额定电流；

I——负载工作电流。

单台电机负载：

$$I_{fu} \geqslant (1.5 \sim 2.5) I_E$$

式中 I_E——电机额定电流。

多台电机负载：

$$I_{fu} \geqslant (1.5 \sim 2.5) I_{Emax} + \Sigma I_{En-1}$$

式中 I_{Emax}——多台电机中最大电机的额定电流；

ΣI_{En-1}——其余所有电机负载额定电流之和。

另外，熔体的选择要注意上下级的配合。

五、主令电器

主令电器是电器控制系统中人们直接或间接通过它发送控制指令的电器，如按钮、开关等是人们可直接操纵的，行程开关、接近开关等一般由其他机械等间接操纵。主令电器种类繁多，常用的有按钮、行程开关、万能转换开关、倒顺开关、钮转开关等。

1. 按钮

按钮是人们可以直接操纵用于接通或断开控制回路中某一控制元件的电器。它的结构简单，而应用却非常广泛，几乎任何一个自控系统都会用到。图 2-9 所示是按钮结构图。它由按钮帽、复位弹簧、桥式触头组成。一般按钮都由一组常开常闭触头组成，现在也有积木式拼装的按钮，其常开常闭触头数可自选。按钮的操作极为方便，只要手指按下按钮帽，常开触头就闭合，常闭触头就断开。当移动手指，按钮就在复位弹簧的作用下复原。

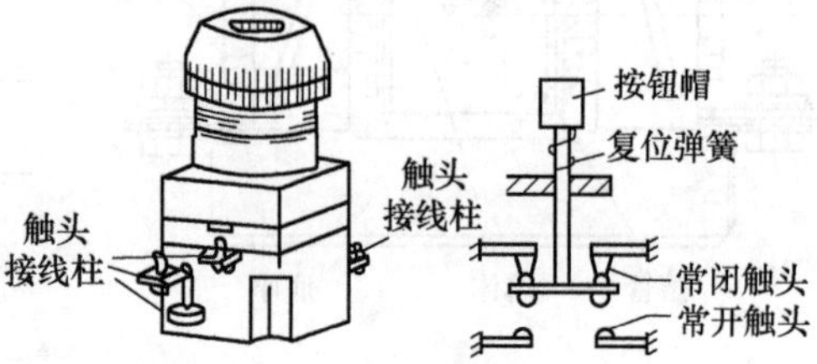

图 2-9 按钮结构图

2. 行程开关

行程开关又称限位开关，是一种用某种运动机械部件来碰撞它，使其触头断开或闭合的电器。其实它是一种靠机械运动去按动而不是人们用手指直接按动的特殊按钮，只不过是将按钮帽换成了可承受各种机械碰触的机械装置，其结构如图 2-10 所示。行程开关的种类也很多，常用的有滚轮式和按钮式，有可自动复位的，也有不可自动复位的。一般一只行程开关都有一副常开和常闭触头。

3. 万能转换开关

万能转换开关是一种可同时切换多条控制回路的电器。其结构如图 2-11 所示。它的控制中心是一个凸轮机构，该凸轮机构的旁边安装了多只直动式自动复位限位开关，而且这种结构可以重叠成几组。当用手去拨动凸轮手柄时，凸轮转动，使凸轮和凸点碰到限位开关动作，而位于凸轮凹点的限位开关复位，达到多路控制的目的。只要合理配置凸轮形状和层叠数量，则它几乎可以控制各种程序的电器回路，还可以远距离控制配电装置、小容量电机的起动换向、双速电动机的变速等。所以称它为万能转换开关。

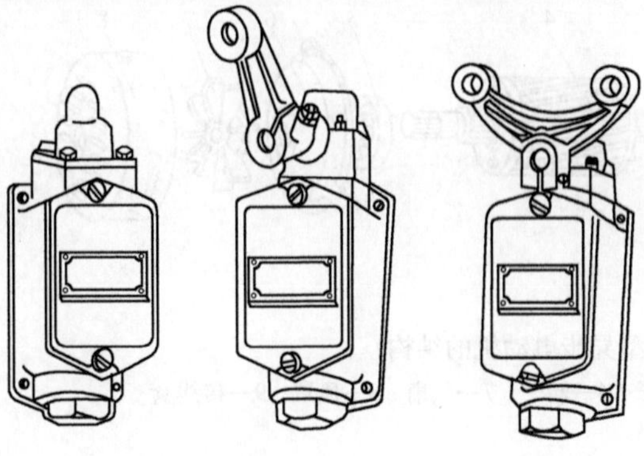

a)　b)　c)

图 2-10　行程开关结构图

a）按钮式　b）单轮旋转式　c）双轮旋转式

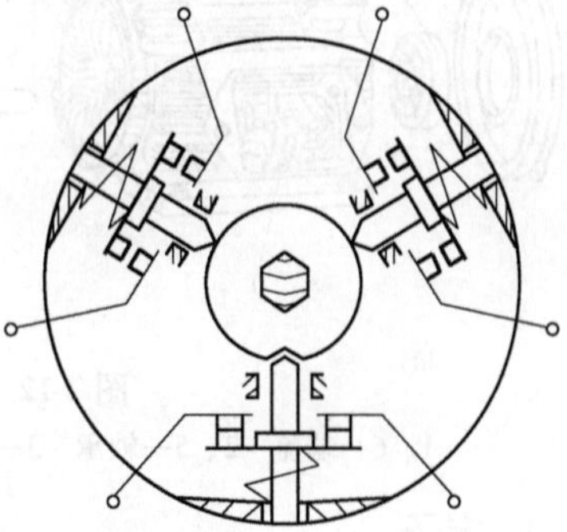

图 2-11　万能转换开关结构图

4. 主令控制器

主令控制器是一种可频繁操作的按程序控制多个回路的电器，它其实就是万能转换开关的特殊种类。因其触头容量很小，一般不直接去控制电动机等设备，而是控制起动电动机的接触器等元件。

第二节　电　动　机

电动机是一种将电能转变为机械能的电气设备。随着社会电气化、自动化程度的不断提高，电动机的应用也越来越广泛，尤其是异步电动机应用最广、需求量最大。

电动机通常分为两大类，一类是直流电动机，另一类是交流电动机。交流电动机按其转速与电源频率之间的关系，又分为同步电动机和异步电动机。异步电动机又分为单相异步电动机和三相异步电动机。

单相异步电动机一般为 1kW 以下的小功率电动机，分为电阻起动、电容起动、电容运转、电容起动与运转及罩极式等，广泛应用于电动工具、家用电器等设备。本书着重介绍三相异步电动机的有关知识。

一、三相异步电动机

（一）三相异步电动机的结构

三相异步电动机由定子和转子两个基本部分组成。小型三相笼型异步电动机的结构如图 2-12 所示。

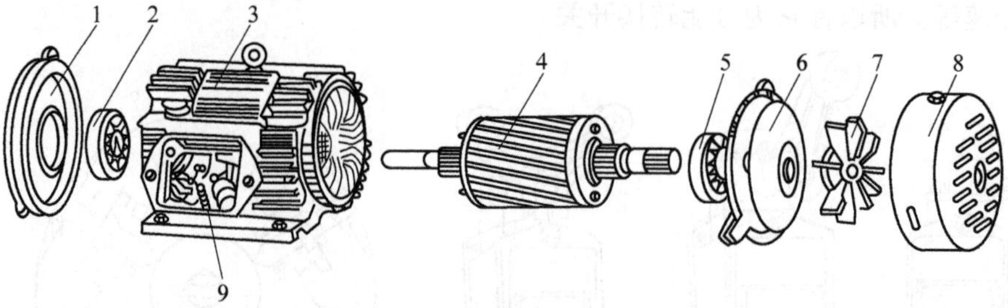

图 2-12　笼型异步电动机的结构

1、6—端盖　2、5—轴承　3—定子　4—转子　7—风扇　8—风罩　9—接线盒

1. 定子

定子的作用是产生旋转磁场。定子主要由定子铁心、定子绕组和机座三部分组成。如图 2-13、图 2-14 所示。

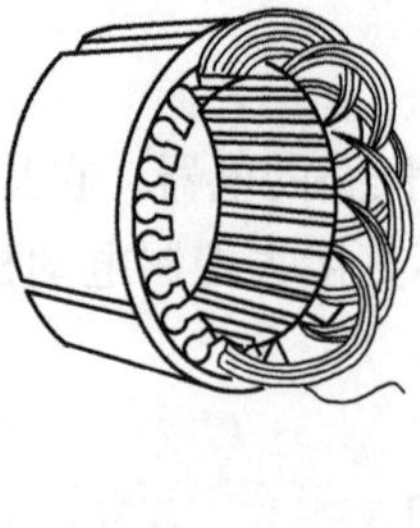

图 2-13　定子绕组

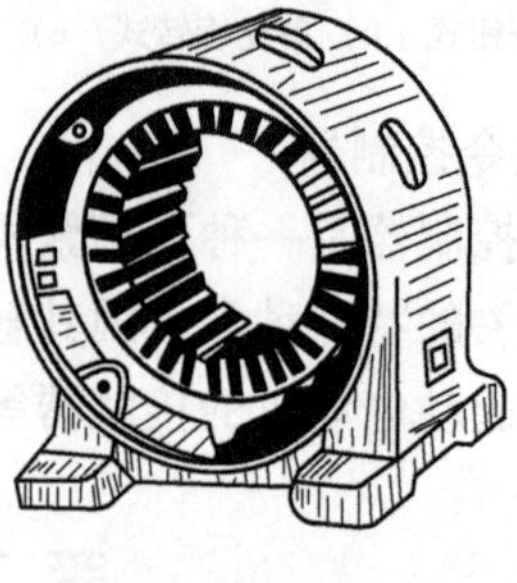

图 2-14　机座

（1）定子铁心　它是电机磁路的一部分，由相互绝缘的硅钢片叠压而成，内圆上有放置定子绕组的槽。常用槽型有半闭口、半开口、开口等类型，如图

2-15 所示。

从提高电动机的效率和功率因数来看，半闭口槽最好，但是定子绕组绝缘和嵌线比较困难，一般用于小型异步电动机。

（2）定子绕组　由多匝线圈连接而成，每匝线圈有两个有效边分别放在各自槽内，同一相每匝线圈之间通常有链式或交叉式或同心式排列。

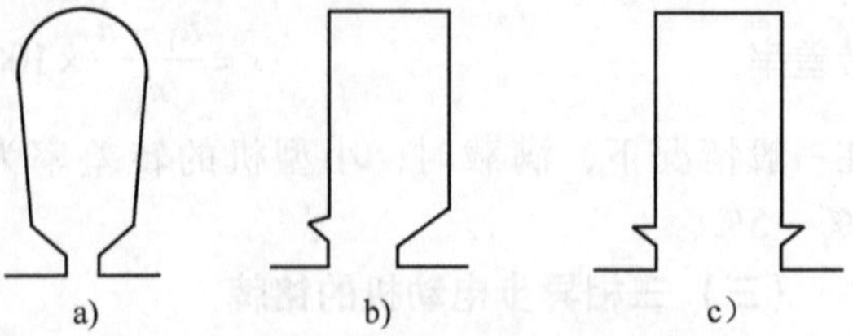

图 2-15　定子铁心的槽型

a）半闭口槽　b）半开口槽　c）开口槽

三相定子绕组可接成星形或三角形。通常将三相绕组的 6 个头尾端引至机座上的接线盒中。三相绕组的头端标为 U1、V1、W1，尾端标为 U2、V2、W2。

（3）机座　用于固定定子铁心和端盖，通常由铸铁（或铝合金）制成，同时也起散热作用。Y 系列有（IP44）封闭式电动机和（IP23）防护式电动机。

2. 转子

转子是电动机的旋转部分。它主要由转子铁心、转子绕组和转轴三部分组成。图 2-16 所示为转子的外形。转子铁心是电机磁路的一部分。转子绕组分为笼型（如图 2-17 所示）和绕线型两种，转子绕组本身自成闭合回路。绕线式转子绕组由绝缘导线制成三相绕组，由集电环靠电刷与外电路（如变阻器）相连。转轴带动机械旋转作功，它由优质结构钢制成。

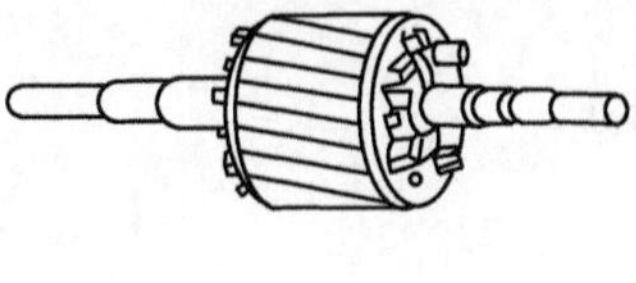

图 2-16　转子外形图

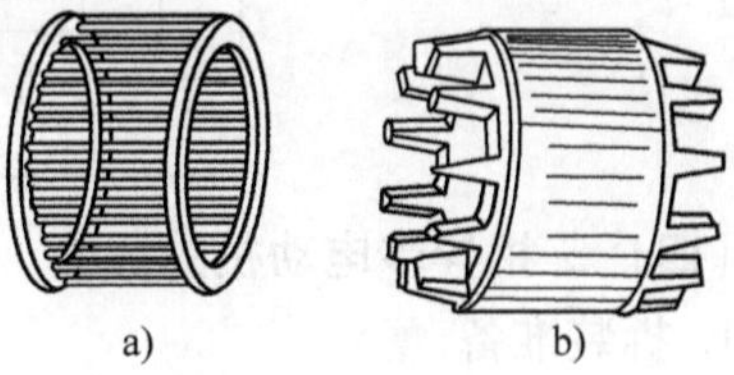

图 2-17　笼型转子结构图

（二）三相异步电动机的工作原理

当三相定子绕组通入三相交流电后，在定、转子间就会建立旋转磁场，根据右手定则，转子导条内会产生感应电动势，因转子导条闭合，转子导条中就有电流通过，根据左手定则，载有感应电流的导条，在旋转磁场中必然会受到电磁力，于是转子就跟着旋转磁场的转向而旋转。以下是三相异步电动机的转速、转差率公式：

同步转速
$$n_1 = \frac{60f_1}{p}$$

转子转速
$$n=\frac{60f_1}{p}(1-s)$$

转差率
$$s=\frac{n_1-n}{n_1}\times 100\%$$

在一般情况下，满载时，小型机的转差率为 5% ~10%；大型机的转差率为 3% ~5%。

（三）三相异步电动机的铭牌

1. 铭牌

电动机的铭牌较详细地写出了电动机的特性和一般技术要求，给使用、检查和修理电动机带来了便利。主要参数有：型号、额定功率、额定电压、额定电流、额定频率、额定转速、接法、定额（工作方式）、绝缘等级、温升、标准编号等。若电动机没有铭牌或搞不清铭牌上的内容，则不要轻易使用电动机，以免发生事故。

电动机的接法表示星形联结和三角形联结，目前 Y 系列电动机 3kW 及以下为星形联结，3kW 以上均为三角形联结，电动机额定线电压为 380V。

电动机的工作定额分为连续、短时、断续三种。

2. 型号

电动机型号的组成部分及含义如下：

Y 132 S 4

- 4 —— 电机极数
- S —— 短轴（长轴 L、中轴 M）
- 132 —— 中心高
- Y —— 三相异步电动机

（四）三相异步电动机的拆装

1. 拆装准备

1）准备各种工具，通常的有旋具、扳手、木锤、铜棒、带爪拉具、涨钳等。

2）作好拆卸前的记录和检查，并在线头、端盖等处作好标记，便于修复后的装配。

2. 拆卸步骤（如图 2-18 所示）

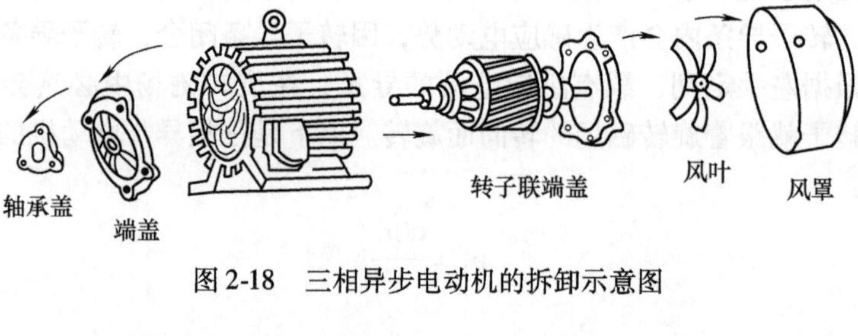

图 2-18　三相异步电动机的拆卸示意图

1）切断电源，拆开电动机与电源连接线，并对电源线头作好绝缘处理。

2）脱开皮带轮或联轴器，松开地脚螺栓。

3）拆卸皮带轮或联轴器。

4）拆卸风扇罩、风扇叶。

5）拆卸轴承盖和端盖。

6）抽出转子，抽出转子应当小心、缓慢，避免碰伤定子铁心和定子绕组。

3. 装配步骤

装配工序和拆卸工序相反，应当注意以下要点：

1）定子、转子有无杂物，若有应先清除再装配。

2）在装配端盖时，注意符合拆卸时的记号。木锤敲打端盖用力应均匀。

3）电动机装配后，用手转动电动机转子，转动应灵活，无停滞或偏重现象。

（五）定子绕组的嵌线工艺

1）准备工具，主要的有绕线机、划线板、压线板、剪刀、木模、电工刀、电烙铁等。

2）裁剪槽绝缘、相绝缘，准备竹楔。

3）清理定子槽，放置槽绝缘。

4）用绕线机绕制三相绕组，每一相若干匝线圈，每匝若干圈漆包线，并作好头尾、跨接线标记。

5）确定定子槽号，并按定子绕组展开图嵌线，特别注意每匝线圈的两边（先后次序）严格按展开图的槽号放置，漆包线切勿打折、扭曲、擦漆，每嵌一槽用槽绝缘纸与竹楔封槽口。

6）绕组头尾端部打磨掉漆层，头尾引出端放置绝缘套管。

7）放置相绝缘，电动机端口整形，端口扎线固定。

8）测量电动机相与相之间、相与地（机壳）之间的绝缘电阻，一般用500V兆欧表（摇表）测量。相与相之间、机壳与相间绕组的绝缘电阻不得低于0.5MΩ，全部更换绕组的电动机不得低于5MΩ。

9）通入三相交流电观察旋转磁场情况。一般采用试验小铁片或钢珠观察，用调压器通入三相低压（额定电压的20%）交流电，铁片应单方向不断旋转、电动机无不正常的声响和发热。

（六）电动机的定子绕组展开图

电动机定子绕组的展开图便于我们理解绕组的结构和嵌线程序。它相当于将定子铁心沿1号槽和最后一个槽之间的点划线剪开，铺平展开后得到的定子绕组的排列方式，因此一定要掌握它的绘图方法。

定子绕组展开图的绘制步骤：

1）画槽、标号。

2）定极距和节距，分极性。

3）标电流流向。

4）标注各相首末端。

5）分别联接各绕组。

画展开图时，最好用三种不同颜色的笔来画。单层绕组端部连接和排列方式可分为链式绕组、交叉式绕组及同心式绕组。

同相各匝线圈之间的连接方法有两种：一种是顺串联，另一种是反串联。同相绕组中各匝线圈之间的连接次序是首端接尾端就是顺串联；同相绕组中各匝线圈之间的连接次序是首端接首端、尾端接尾端就是反串联。

图 2-19 是一个三相异步电动机的定子绕组展开图。它是三相 4 极、24 槽、极距为 6、节距为 5 的单层链式绕组，共有 12 匝线圈，每相 4 匝线圈。

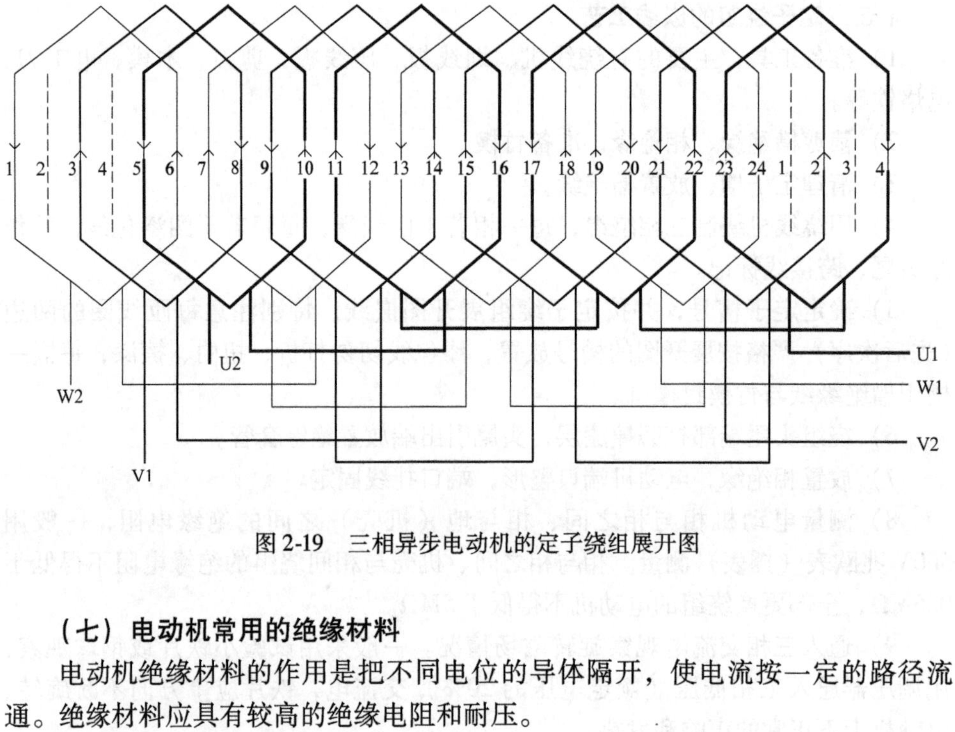

图 2-19　三相异步电动机的定子绕组展开图

（七）电动机常用的绝缘材料

电动机绝缘材料的作用是把不同电位的导体隔开，使电流按一定的路径流通。绝缘材料应具有较高的绝缘电阻和耐压。

为确保电动机长期安全运行，对绝缘材料极限工作温度和耐热等级作了规定。表 2-5 所列是绝缘材料的耐热等级。

表 2-5　绝缘材料的耐热等级

等　级	举　例	极限温度/°C	温升/°C
A	黄蜡布	105	65
E	聚脂青壳纸	120	80

（续）

等　　级	举　　例	极限温度/°C	温升/°C
B	玻璃纤维	130	90
F	浸硅有机漆	155	115
H	浸硅有机酸	180	140

异步电动机定子绕组绝缘分为槽绝缘、相间绝缘和双层绕组的层间绝缘。

（八）异步电动机定子绕组的故障分析

1. 定子绕组的常见故障

绕组断路、绕组短路、绕组通地（碰壳或漏电）及绕组接错与嵌反等，对于这些故障的检查主要用验电笔、万用表、兆欧表、校验灯等工具。

绕组通地主要是导线绝缘擦伤，绕组受潮，绝缘老化造成的；绕组短路主要有同匝间漆包线短路、相邻匝间短路、两相相间短路等几种情况，产生原因也是导线擦伤、绕组受潮等因素；绕组断路多数由于绕组接头发生松动或脱焊，一般发生在绕组的端部或电动机引出端；绕组接错主要是将 6 个引出线的头尾弄混，将星形或三角形联结接错；绕组嵌反是没有按照定子绕组展开图嵌线，造成电流流向改变，磁极混乱。

定子绕组接错或嵌反后，如果通入交流电，会引起电动机振动、起动困难、有噪声、三相电流严重不平衡、电动机过热、转速降低、甚至电动机不转等现象，严重时会造成熔丝熔断甚至烧坏电动机。

2. 定子绕组头尾端的判别

绕组头尾端的判别主要有串联判别法和微安表法，以下详细介绍串联判别法。它采用万用表、单相调压器、灯泡即可实施。

首先用万用表欧姆档分清三相绕组，随后假设各自绕组的头与尾，其中一相的头与另一相的尾相连，另外两个端接一个灯泡，还有另外第三相接入 36V 交流电，如图 2-20 所示。如果灯亮则说明前两相假设的头尾正确，如灯不亮，改变假设再试灯就会亮。同理，可以决定第三相的头与尾。

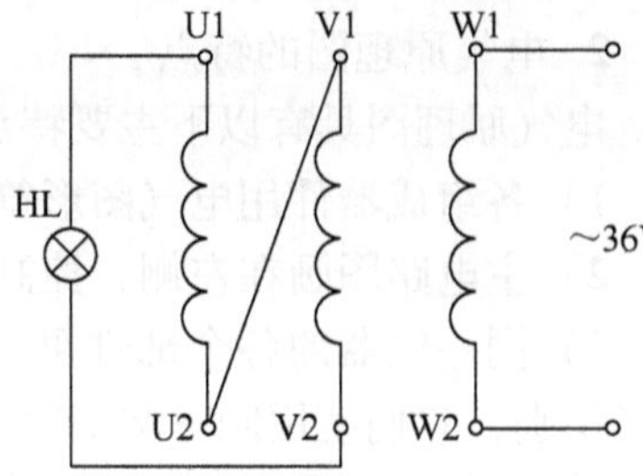

图 2-20　定子绕组头尾判别

二、电容式电动机

电容运转式电动机有主、辅两个绕组。在辅助绕组中接有电容器，它使两绕组中的电流和磁场在相位上相差一个角度，组成了一个二相电动机。电容运转式电动机结构简单，运转可靠，效率高，转动时声音低，又较灵活，其接线如图 2-21 所示。

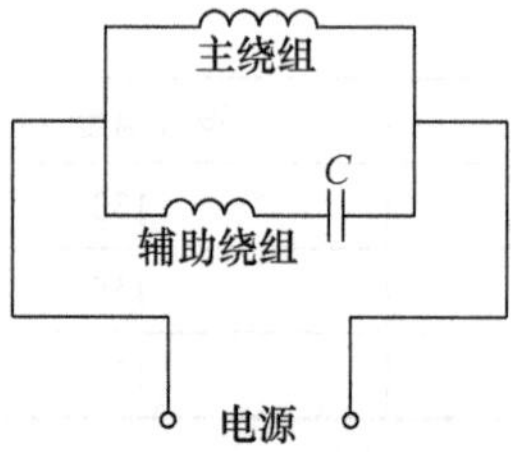

图 2-21 电容式电动机接线图

第三节 电气线路及线路解读

一、电气图基本知识

电气原理图又称电路图或原理接线图。它是用国家统一规定的电气图形符号和文字符号表示电路中各种电器相互连接关系的图，其用途是详细表示和理解某一电路的组成、相互联接、工作原理、电路特性等。

1. 电气原理图的分类

电气原理图主要分为两类：

1）主电路图，也称一次电路图。

2）控制回路图，也称二次回路图。按照用途不同，二次回路图又可分为原理图、位置图、接线图三类。

2. 电气原理图的特点

电气原理图具有以下主要特点：

1）各组成器件用电气图形符号表示并标注文字符号、数字编号。

2）主电路图画在左侧，控制回路图画在右侧。

3）同一电器的各个部件可以不画在一起，而是根据其作用原理分散绘出，为了识别，它们使用同一文字符号标明。

4）电气原理图中的所有电器都是按未通电、未受外力作用时的状态画出。例如，接触器线圈未通电，按钮未被按。

二、国标符号

国家对电气原理图中的图形符号规定了统一标准，本书附录 A 摘录了最新国家标准（GB/T 4728—1996）中一些常见低压电器元件的图形符号。在原理图中一个完整的图形符号应标上对应元件的文字符号和编号。

三、电气原理图解读

想要对任何电气设备进行安装、调试或维修改造，必须先系统地了解该设备，搞清楚全部控制过程，对应动作关系，然后阅读电气原理图。这样才会理解原理图所表示的电气控制原理。

1. 电气识图要做到“五个结合”

（1）结合电工基础知识识图　例如，笼型异步电动机的正、反转控制是根据三相电源相序决定电动机旋转方向的原理而实现的。

（2）结合电器元件的结构和工作原理识图　例如，时间继电器结构上有线圈和延时触头，控制类型可分为通电延时型和断电延时型。

（3）结合典型电路识图　例如，控制线路的“自锁”，“互锁”，“联锁”都是较常见、常用的典型电路。

（4）结合电气图的绘制特点识图。

（5）结合其他专业技术识图。

2. 分析电气原理图的三个步骤

（1）主电路分析　分析电气原理图一般先分析主电路。因为主电路中包含了系统中所有执行元件的信息，比如系统有几台电机，是交流电机还是直流电机，是否要三角起动，有无正反转，有无制动、调速等其他要求。

（2）控制回路分析　分析控制回路是根据主电路中各执行元件的控制要求，找出控制电路中对应控制器件，并将每个执行元件对应的控制器件一一分列归类，然后分析各自的工作原理。如果几个执行部件之间有互动关系的，可以从归纳结果看到某个执行元件对应的接触器的触头或中间继电器的触头去控制另外执行元件对应的接触器等，比如机床线路中的连锁线路和保护线路。用这种分块分步分析的方法，电气原理图就比较容易看懂了。

（3）辅助电路分析　辅助电路指电气原理图中表示工作状态、照明、故障、报警、电源指示等电器的回路。一般情况下，它们都是由执行元件对应的接触器或继电器控制，必须对应控制回路来进行分析。

四、电气线路实例

1. 元件布置图

元件布置图是用来表示系统中所有电器元件的实际安装位置及其相互关系的图纸。图中的机床设备轮廓线用双点划线构出，电器元件以实线绘出的简单轮廓线画在实际安装位置。通常为了完整表达安装位置，需要有平面图、立体图、断面图等，主要用于指导电器元件在设备中的安装位置。

2. 接线安装示意图

接线安装示意图是表示设备内部所有电器元件之间连线的图，其元件符号与连线规则应完全与原理图相对应。原理图可以将一个元件的各部件分拆画在图中任一地方，而安装示意图里须用线框将每一个元件的各部件都框在一起，并将其画在相应的位置上，然后再画上各电器元件之间的连线。它与元件布置图的不同之处是不必精确标出元件在设备中的绝对位置，仅仅是示意相对位置，但必须指明控制柜内、柜外，机床上的各个电器元件的电气连接也要画得清清楚楚。该图主要用于指导电器安装、接线、查线。

五、三相异步电动机基本控制线路及其原理图分析

机床设备的电气控制系统形式繁多，这里仅以三相异步电动机控制线路为例进行介绍。三相异步电动机的控制线路有简有繁，但再复杂的线路也是由一些基本线路按控制要求组合而成的。只要掌握了这些基本线路的解读方法，无论控制线路是否复杂，都能轻松驾驭三相异步电动机的控制方法。

（一）手动控制线路

手动控制线路其实就是只有一个主回路的电气原理图，如图 2-22 所示。该线路中 FU 是熔断器，起短路保护作用，有一只手动开关 Q1 用来起动或停止电动机。这是一种最简单的电气控制线路，适用于小功率、不频繁操作的设备，如小台钻、冷却泵等。

（二）点动控制线路

点动控制线路的主回路比手动控制线路多了一只接触器，如图 2-23 所示。开关 Q1 作为电源控制开关，由接触器三副触头的闭合与断开来控制电动机的起动与停止。

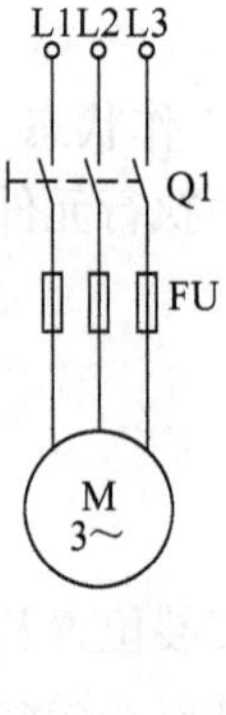

图 2-22 手动控制线路

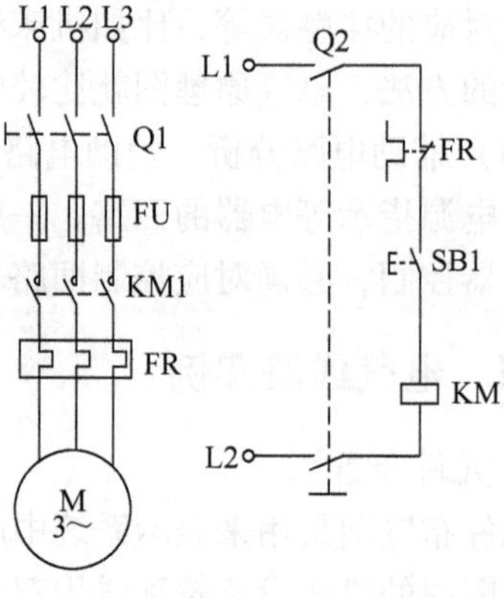

图 2-23 点动控制线路

点动控制线路的控制回路由一只按钮 SB1 与接触器 KM1 串联而成。当按钮按下，接触器 KM1 线圈得电，令其触头闭合，电动机起动；当放开按钮，接触器线圈失电，令其触头断开，电动机停止运转。这种简单的控制回路，适用于机床刀架、横梁、立柱等的快速运动。

（三）单向起动停止线路

单向起动停止线路的主回路有一个热继电器，如图 2-24 所示。因为单向起动停止线路适用于长期运行的设备，有热继电器可以在电动机过载时保护电动机不受损坏。

该线路的控制回路是将停止按钮 SB1 的常闭触头、启动按钮 SB2 的常开触头及接触器 KM1 的线圈串联起来，然后用一副接触器 KM1 的常开触头与启动按钮 SB2 并联。当按下 SB2 时，接触器 KM1 线圈得电，其触头闭合，电动机起动。而接触器 KM1 在控制回路中另一副与按钮 SB2 并联的触头也闭合，这时放开按钮 SB2，电动机也不会停止，这就是自锁线路。电动机起动后将一直运行下去，只有当电动机过载，启动保护触头 FR 或按下停止按钮 SB1，自锁才会解开，电动机才停止运转。该线路因简单实用、操作方便，又有较完善的保护环节而得到广泛应用。

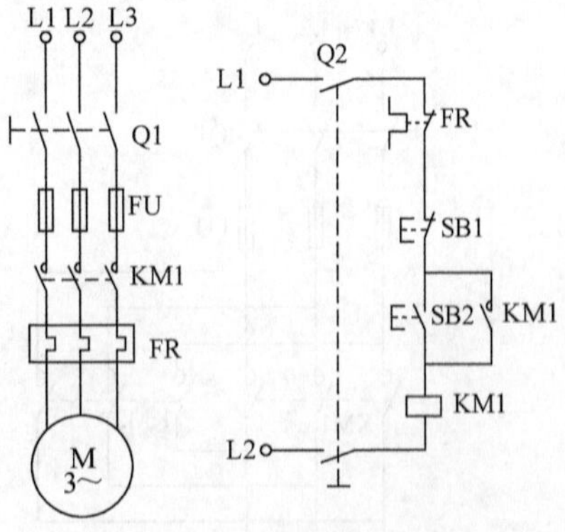

图 2-24　单向起动停止线路

（四）带点动的单向起动线路

带点动的单向起动线路的主回路与单向起动线路一样，控制回路如图 2-25 所示。它是在起动按钮 SB2 旁再并联一个点动按钮 SB3，点动按钮 SB3 的常开触头与起动按钮并联，常闭触头串联在自锁触头 KM1 中。当按下起动按钮 SB2，控制过程与单向起动线路一样。而当按点动按钮 SB3 时，常开触头闭合，电动机起动，而它的常闭触头却将自锁解除。当放开按钮后，接触器线圈因无自锁而断开，电动机即停止。它与单向起动线路一样因简单实用、操作方便，又有较完善的保护环节而得到广泛应用。

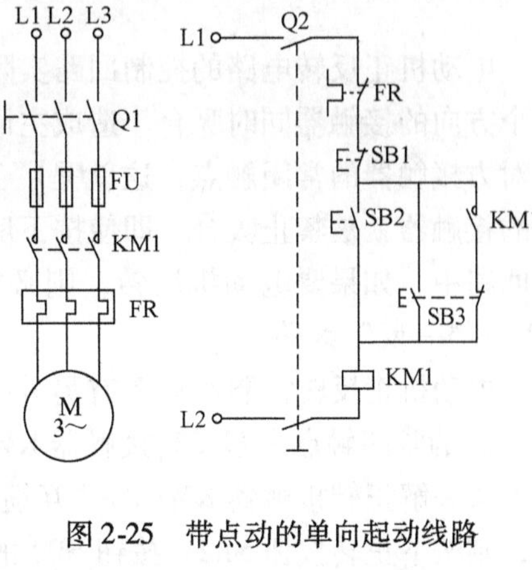

图 2-25　带点动的单向起动线路

（五）电动机的正反转线路

根据三相异步电动机的工作原理特征，其正转或反转取决于电动机定子绕组在三相电源作用下的旋转磁场，而旋转磁场的方向又取决于三相电源的相序。也就是说，只要将三相电源的相序转换一下，电动机的旋转方向就相反了。根据该原理，正反转电动机控制线路的主回路是在单向起动控制主回路的启动接触器旁再并接一个相序交换接触器，如图 2-26 所示。电动机正向起动时，接通正向接触器 KM1，电动机正相序（L1、L2、L3）

运行；当电动机反向起动时，接通反向接触器 KM2，电动机是反相序（L3、L2、L1）运行。

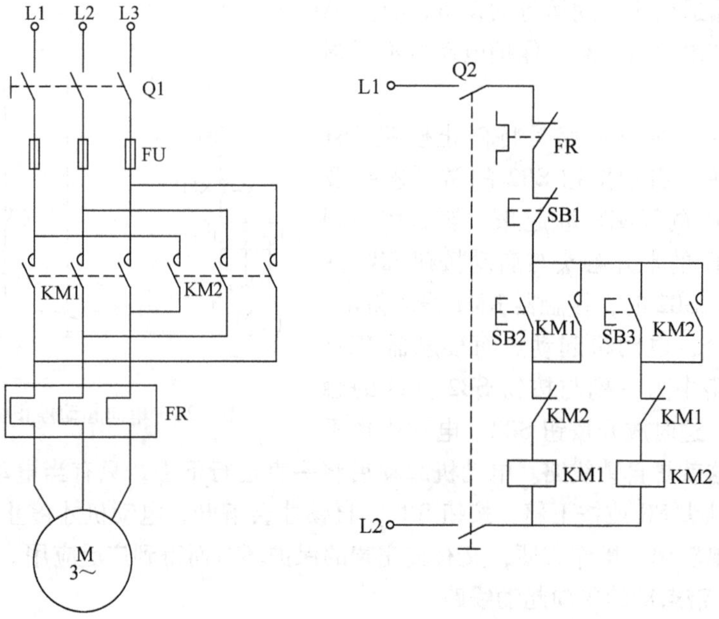

图 2-26 电动机正反转电路的一种接法

电动机正反转电路的控制回路实际就是两个单向起动线路的并联。为了防止两个方向的接触器同时吸合，造成主回路短路，在每个启动接触器线圈前都串联了对方接触器的常闭触点，这就是“互锁”线路。当正转的接触器吸合后，反转的接触器就被禁止吸合，即使按下反转按钮也不能启动。反之亦然。在这个控制回路中，如果要电动机反转，则必须先按停止按钮，再按反转按钮。这就是“正—停—反”线路。

电动机正反转控制回路还有另外一种接法，如图 2-27 所示。用正转启动按钮 SB2 的常闭触点去解反转接触器 KM2 的“互锁”触头，用反转按钮 SB3 的常闭触头去解正转接触器 KM1 的“互锁”触头。当电动机正在反转时需要立即正转，则按下正转按钮 SB2。按钮 SB2 的常闭触头首先将反转线路切断，而后反转接触器 KM2 的常闭触头闭合，正转按钮 SB2 的常开触头才能接通正转接触器 KM1，电动机进入正转状态。反之亦然。而按下停止按钮，电动机才停止。这就是“正—反—正”线路。

（六）三相异步电动机的星形-三角形（Y-△）减压起动线路

大容量的笼型异步电动机（一般指 10kW 以上），其正常状态定子绕组接线为三角形联结，如图 2-28b 所示。如果以三角形方法起动电动机，其起动电流很大，会影响电网供电质量。因此大容量电动机起动一般都采用Y-△减压起动。设电源为三相 AC 380V，当电动机定子绕组为星形联结（如图 2-28a 所示）时，其每个绕组两端的电压为 AC 220V。因此采用Y联结起动时，绕组两端电压降低了，其电流也随之降低。电动机起动升到额定转速后，再恢复△接法，绕组电压恢复到 380V，使电动机正常运行在额定状态。

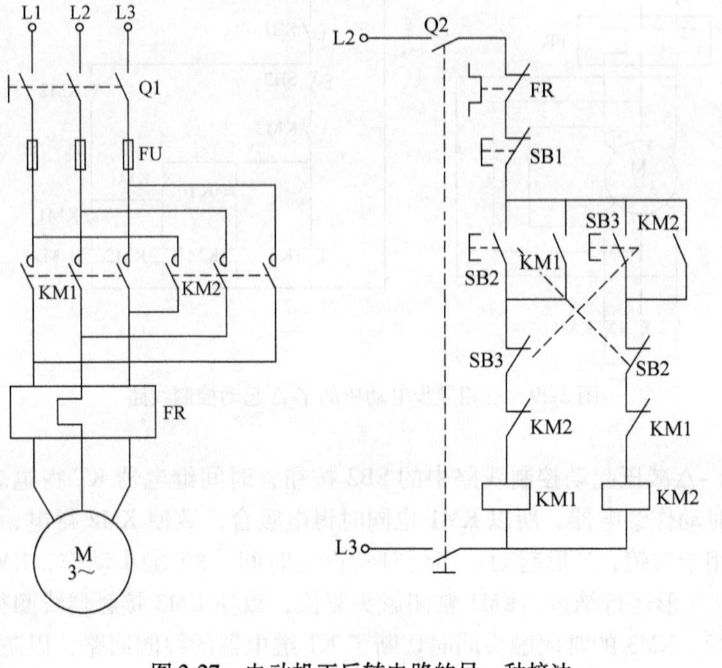

图 2-27　电动机正反转电路的另一种接法

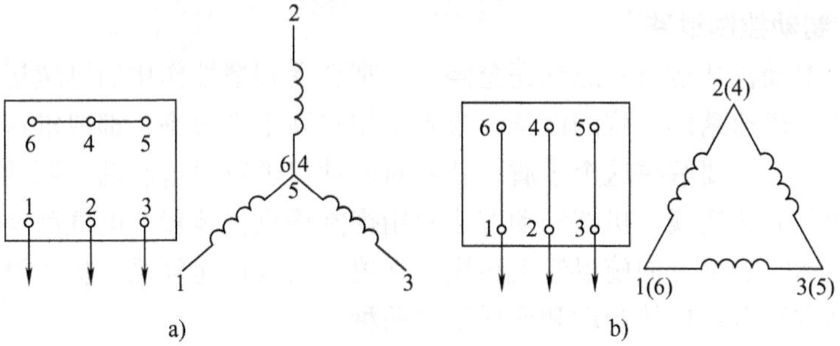

图 2-28　三相异步电动机的绕组联结

图 2-29 为Y-△减压起动控制线路，其主回路中 KM1、KM2 吸合为Y起动，KM3、KM2 吸合为三角形运行。

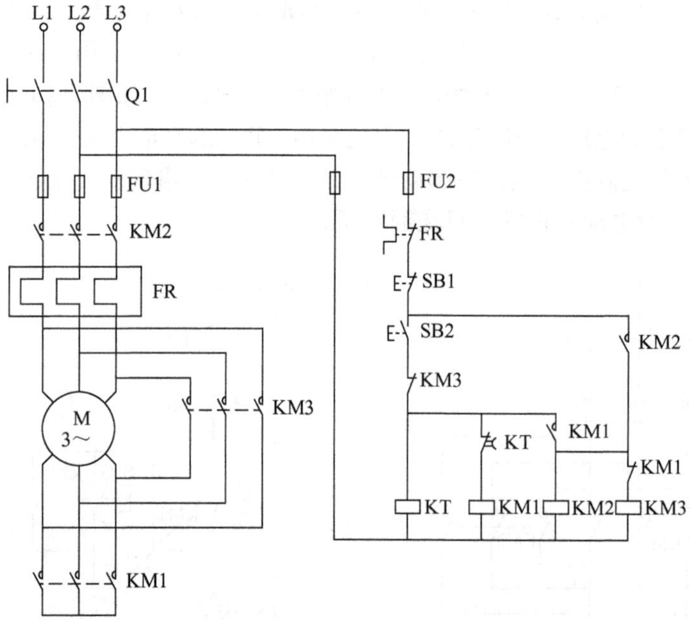

图 2-29 三相异步电动机的Y-△起动控制线路

按下Y-△减压起动控制线路中的 SB2 按钮，时间继电器 KT 得电。因为 KT 是得电延时动作继电器，所以 KM1 也同时得电吸合，致使 KM2 得电，它的一副常开触头用于自锁，Y形起动。当延时到设定时间，KT 触头动作，KM1 接触器线圈失电，Y形运行结束，KM1 常闭触头复位，致使 KM3 接触器线圈得电吸合，进入△运行。KM3 的常闭触头同时切断了 KT 继电器的线圈回路，以防止有人再次起动按钮而造成不必要的麻烦。

（七）制动控制线路

所有的电动机从运行状态到完全停止，都会受到惯性作用而延续运行一段时间。但一些要迅速精确定位的设备，或者希望提高生产效率，都要求这段延续运行时间越短越好。要解决这个矛盾，就要对电动机进行强迫制动。制动可以由机械和电气两种方法实现。机械制动方法使用抱闸等机械装置。电气制动时只是在电动机惯性运行的反方向施以制动转矩，强迫电动机迅速停机。机床设备上常用的电气制动方法有：反接制动和能耗制动两种。

1. 反接制动线路

反接制动原理是改变电源的相序，使电动机定子绕组产生一个与原来电动机转矩方向相反的转矩，电动机进入制动状态，直到电动机转速接近零时，切断制动电源。由于改变相序后接入电动机的电压仍是起动时的三相电源，这里流过电动机绕组的电流接近于全电压运行时的两倍，冲击很大，通常要求在接入反接制动电源时串联一定的电阻以限制制动电流。图 2-30 所示是单向反接制动线路，其主回路中接触器 KM1 触头合上时电动机起动，接触器 KM2 合上，使接入电动机的电源相序变换并串接了反接制动限流电阻，电动机进入制动状态。电动机轴上连接了一个速度继电器 KS，当速度降到一定值（通常为 120 转/分以下）时，KS 常开触头向控制回路发出停止信号。

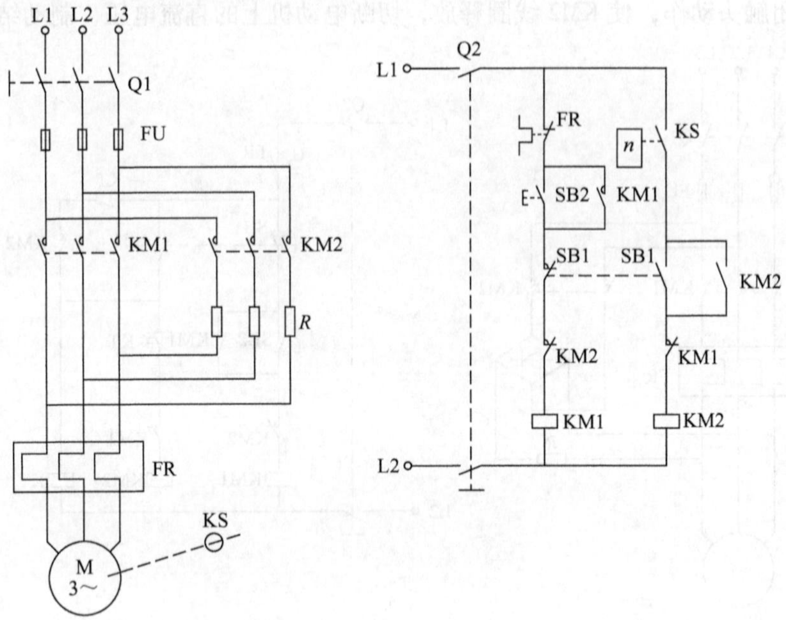

图 2-30　单向反接制动线路

单向反接制动的控制回路原理：当需要停机而按下 SB1 时 KM1 断开，切断电源。SB1 的常开触头接通了制动接触器 KM2，电动机迅速制动，到转速接近于零时，速度继电器 KS 动作，KM2 释放，切断反相序制动电源，制动结束。起动线路和制动线路两接触器的常闭触头是为防止两接触器同时吸合的互锁触头。反接制动的特点是制动迅速，效果好，但其能耗大，冲击也大，对传动部件有害，一般仅适用于 10kW 以下小容量电机。

2. 能耗制动线路

能耗制动就是在电动机切断三相电源后在定子绕组上加一个直流电压，使之产生直流电流，并建立一个静磁场。当转子绕组在该磁场中旋转时，产生感应电流和制动力矩而使旋转中的电动机惯性能量迅速耗尽，所以制动的效果可由直流电压的大小也就是静磁场的强度来决定。

能耗制动控制方法有两种。一种用速度继电器控制方法，其控制原理与反接制动一样，只是反接制动接入反相序三相电源，而能耗制动接入的是直流电压电源。另一种方法用时间继电器控制。图 2-31 所示是单向能耗制动控制线路，需要停机时，按下停止按钮 SB1，接触器 KM1 线圈释放，电动机三相电源被切断。而 SB1 的常开触头起动了 KM2，将直流电源接入电动机，产生静磁场，同时时间继电器 KT 也被 SB1 的常开触头接通，开始计时。当延时时间到，KT 的得电延时常闭触头动作，使 KM2 线圈释放，切断电动机上的直流电压，制动结束。

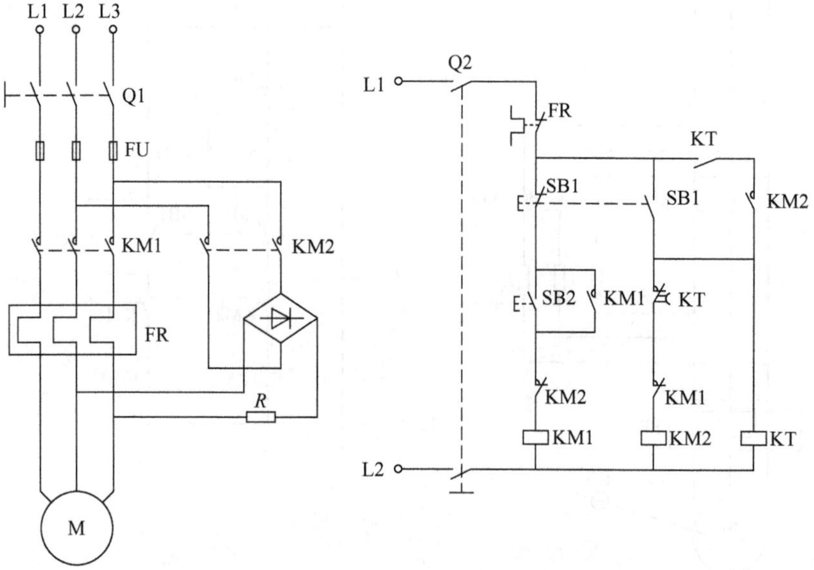

图 2-31　单向能耗制动控制线路

能耗制动的特点是制动准确、平稳、能耗小，适用于频繁起动的、要求平稳准确制动的较大容量电动机。但它需要有一套整流设备。

第四节　低压电气控制线路实习

低压电气控制线路是指为达到某种控制目的，由低压电器元件和导线设计构成且供电电压低于 1000V 的电气线路。实习的目的是：

1）熟悉常用低压电器的基本性能、使用场合、选用方法。

2）熟悉常用电器图形符号、电气原理图的解读方法。

3）掌握电气控制设备的设计原理和制作工艺。

4）掌握电气控制设备的调试、检修方法。

一、Y-△启动电器控制线路

1. 实训目的

了解Y-△启动控制线路的工作原理、安装和检修方法。

2. 材料

△联结电动机1台，DZ47—63/3P空气开关1只，RC1熔断器5只，JS7—2A时间继电器1只，T16热继电器1只，交流接触器3只，LY12-11按钮2只，导线若干，JD接线端子1根，控制柜1只。

3. 工具

万用表、剥线钳、尖嘴钳、旋具（起子）、钢丝钳等，控制柜一只。

4. 安装工艺流程

1）读懂电气控制原理图，按第二节中“五、三相异步电动机基本控制线路及其原理图分析”所讲内容进行分析。

2）根据电器元件布置图将各元器件安装到控制柜上，要做到先检查元件质量、型号，无误后再安装。布局要合理、整齐，便于布线和更换零件。

3）接线时应先接主回路，再接控制回路。应该从左到右按回路顺序接，每接一个接点必须将该接点的连线全部接完，这样才不会漏接。通常元件上接线端和左接线端接电源进线，下接线端和右接线端接负载出线。即“上进下出，左进右出”。

4）采用走线槽布线。布线时，线槽外的线要做到横平竖直，没有交叉。线槽内的线容量一般不超过70%，槽内线不得外露。

5）不得损伤线芯和导线绝缘。一个接线端子通常只能接两根分列导线，以保证可靠接触。线头剥出长度要适量，绝缘层不能压入接线端子。

6）安装完毕应仔细检查线路，可用万用表按照图中各个节点编号顺序查，确保每个节点的每根电线导通。

7）必须先征得实习指导老师认可才能通电试验。

8）若有故障，必须断电检查。

二、双向能耗制动控制线路

1. 实训目的

了解双向能耗制动控制线路及其安装和检修方法。

2. 材料

电动机一台，JS28—2A时间继电器一只，交流接触器3只，电流继电器2只，DZ47—63/3P空气开关1只，DZ47—63/2P空气开关2只，全桥整流器1只，限流电阻1只，中间继电器2只，转换开关1只，导线若干，JD接线端子1

根，控制柜 1 只。

3. 工具

万用表、剥线钳、尖嘴钳、旋具（起子）、钢丝钳等。

4. 安装工艺流程

1）读懂双向能耗制动控制原理图（如图 2-32 所示）。主回路由 KM1、KM2 组成正反相两组相序的电源，为电动机正转或反转提供动力。由全桥整流器为电动机制动提供直流电源，其投入制动的时机由 KM3 决定。在动力电源和直流电源中，各串接了一个电流继电器 KI1、KI2，当电路发生过电流时，切断电源。直流回路中的电阻 *R* 用来调整能耗制动电流的大小。

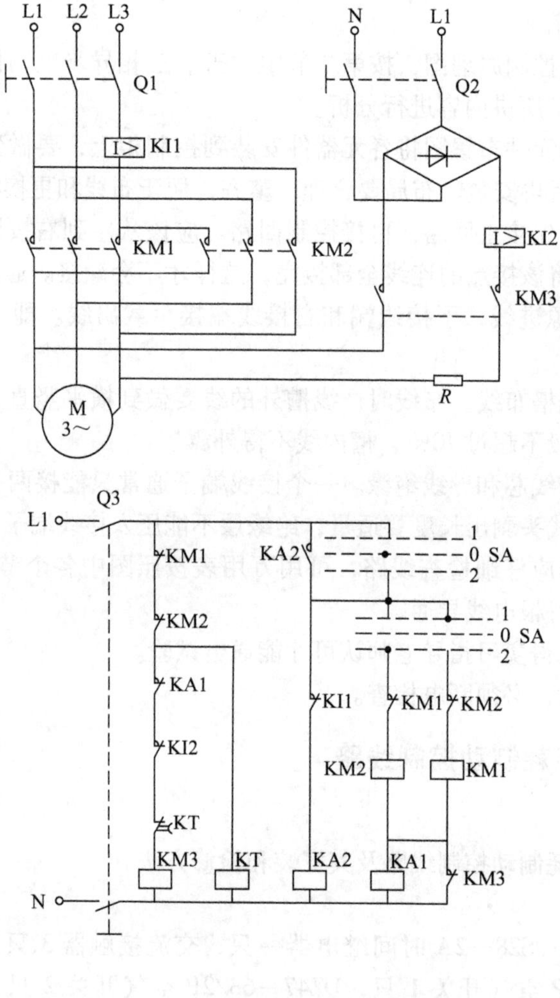

图 2-32　双向能耗制动控制原理图

双向能耗制动的控制原理：当合上空气开关 Q3 使电源接通时，主令控制器 SA 可以处在三种状态。如果在“1”和“2”的状态位置，KA2 常开触头没闭合，KM1、KM2 不动作，电动机不起动。如果在“0”的状态位置，中间继电器 KA2 线圈得电，其常开触头闭合（即“0”位自锁为起动做准备），另外 KM3 线圈也吸合产生制动过程，直到 KT 延时到，切断 KM3 线圈，制动停止。当需要起动电动机时，将 SA 拨向“1”或“2”位置，KM1 或 KM2 线圈吸合，电动机正向或反向起动。KM1 和 KM2 的一对常闭触头作互锁控制，以免正反相序电源同时供电造成短路。其另一对串联的常闭触头用以保证电动机处于运行状态时制动程序不可能同时运行。当需要电动机停车时，将 SA 拨向“0”，KM1 或 KM2 线圈失电，电动机供电停止，这时 KM3 和 KT 线圈得电，直流电源送入电动机，电动机开始能耗制动，直到 KT 常闭延时触头断开，KM3 线圈断电，制动停止。

如果电动机刚从正转状态进入能耗制动，KM3 正处于动作状态，但操作人员又把 SA 迅速拉到反转位置，是否会出现交直流电源互相短路？

本线路为了防止交直流电源互相短路，设置了中间继电器 KA1 和最右侧的 KM3 常闭触头，同时采用了比 KM1、KM2 线圈内阻更大的 KA1 线圈。因为在能耗制动时，KM3 常闭触头是打开的，这时如果 SA 被迅速拉到反转位置将使 KM2 和 KA1 线圈串联后接到电源，由于 KA1 线圈的内阻大，它先吸合，使 KA1 的常闭触头断开，将 KM3 线圈断电，此时 KM3 常闭触头合上将 KA1 线圈分路，再使 KM2 线圈吸合动作。这就保证了在 KM3 线圈断电后，KM2 线圈才能动作。这一过程实际上加入了反接制动，整个控制过程是“正转”—“能耗制动”—“反接制动”—“反向起动运转”。

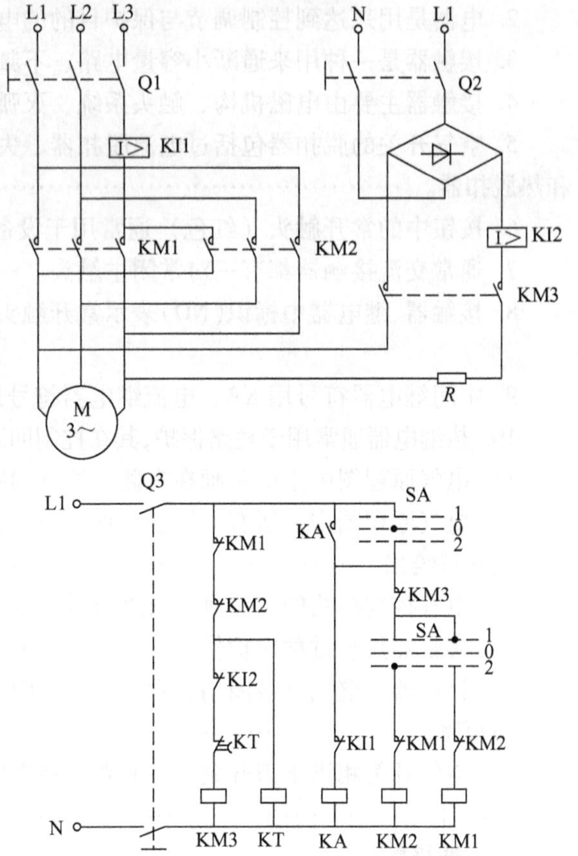

图 2-33　另一种双向能耗制动控制线路

图 2-33 所示是另一种双向

能耗制动控制线路，它的主回路与图 2-32 完全一样，控制回路中只有一个中间继电器，控制过程没有反接制动，如果操作人员把 SA 从“1”位速拉到“2”位，整个控制过程是“正转”—“能耗制动”—“反向起动运转”，在“2”位要等到能耗制动结束才能反转，也不会出现交直流短路现象。控制线路中主要使用了“0”位与“1”、“2”位之间的 KM3 常闭触头以及 KM1、KM2 串联常闭触头作为交直流电源的互锁。

2）电器元件布置安装、接线顺序、接线工艺、检查通电等要求见安装工艺流程。

思考与训练题

一、是非题

1. 电器按动作原理分为手动电器和自动电器两大类。………………（ ）
2. 电器是用来达到控制调节与保护目的的电气设备。………………（ ）
3. 接触器是一种用来通断小容量电路、不频繁动作的控制电器。…（ ）
4. 接触器主要由电磁机构、触头系统、灭弧装置三大部分组成。…（ ）
5. 空气开关的脱扣器包括过电流脱扣器、失电压或欠电压脱扣器和热脱扣器。………………………………………………………………（ ）
6. 按钮中的常开触头（红色）通常用于设备的停止。………………（ ）
7. 通常交流接触器都有三对常闭主触头。……………………………（ ）
8. 接触器、继电器中标识(NO)表示常开触头,(NC)表示常闭触头。…（ ）
9. 中间继电器符号用 KA，电流继电器符号用 KI。………………（ ）
10. 热继电器通常用于短路保护,其在控制回路中有一副常开触头。…（ ）
11. 电气原理图中主电路画在右侧，控制回路画在左侧。…………（ ）
12. 电气原理图中，所有电器触头均按没有通电和没有外力作用时的开闭状态绘出。…………………………………………………………（ ）
13. 电气控制线路的“互锁”相当于十字路口的红绿灯。…………（ ）
14. 接触器具有过载保护作用。………………………………………（ ）
15. 接触器、继电器线圈均有数百欧姆电阻，在电气布线时通常不能被短路。……………………………………………………………（ ）
16. 空气开关相当于刀开关、熔断器、热继电器和欠电压继电器的功能组合。……………………………………………………………（ ）

二、选择题

1. 选择接触器应当考虑其类型、额定电压、额定电流、触头数量和种类以及________。

(A) 线圈额定电压　　(B) 线圈额定电流　　(C) 线圈额定功率

2. 按钮的________触头通常作为(绿色)启动按钮。

(A) 延时　　(B) 常闭　　(C) 常开

3. 电动机控制线路中在启动按钮边上并联了一副接触器常开触头称为________。

(A) 自锁　　(B) 互锁　　(C) 连锁

4. 电动机绕组同相各匝线圈之间是首端接首端这是________。

(A) 顺串联　　(B) 反串联　　(C) 并联

5. 电动机绕组相与相之间、机壳与相间绕组之间的绝缘电阻不得低于________。

(A) 500MΩ　　(B) 50MΩ　　(C) 0.5MΩ

三、问答题

1. 常用熔断器有哪些？简述熔断器熔体选择的基本要求。
2. 什么是继电器？请举出四种常用的继电器。
3. 简述空气开关的作用。
4. 三相异步电动机是根据什么原理转起来的？
5. 中小容量异步电动机一般都有哪些保护？
6. 如何判别三相异步电动机定子绕组的首末端？
7. 异步电动机定子绕组的常见故障有哪些？
8. 三相异步电动机定子绕组接错或嵌反时会产生什么现象？
9. 有一女工操作和面机，不慎手卷入和面机身亡，请问采用什么低压电器可避免此类事故？
10. 我国农村地区经常只采用刀开关来控制电动机，进行脱粒、铡草等工序，而农村电网不稳定经常出现停电，如果停电后刀开关未拉下会出现什么隐患？应当采用什么低压电器来完善电动机的控制？
11. 什么叫“涡流”？“涡流”的产生有哪些害处？
12. 什么叫“集肤效应”？
13. 异步电动机的空气隙对电动机的运行有什么影响？
14. 什么是反接制动？
15. 提高电动机功率因数的方法有哪些？
16. 绕线型异步电动机和笼型异步电动机相比，具有哪些优点？
17. 怎样正确地拆装异步电动机？
18. 如何选用电动机的热继电器？其两种接入方式是什么？
19. 异步电动机的空载电流占额定电流的多大为宜？

20. 通常什么原因造成异步电动机空载电流过大?

21. 母线的相序排列及涂漆颜色是怎样规定的?

22. 二次回路的定义和分类是什么?

23. 画出笼型异步电动机正反转的主电路及控制电路。要求：电路有短路、过载及失压保护，并分别说明是通过哪个控制电器实现的保护。

四、方案设计

1. 请分别画出按钮接触器“自锁”和两个接触器“互锁”的电气原理图。

2. 设计电动机正反转控制电路中自锁和互锁的实现方案和电气图。

第三章 可编程序控制器及其应用

可编程序控制器(PLC)是美国在20世纪60年代末首先研制成功的。它是在传统的顺序控制器的基础上引入微电子技术和计算机技术而形成的一代新型控制装置。取名PLC(Programmable Logic Controller),目的是用来取代继电器,执行逻辑、计时、计数等顺序控制功能,它使控制线路的连接,由柔性和灵活的编程来实现,使具有开关量控制特点的线路控制简单可靠,很快就在实际应用中取代了低压继电-接触器线路。

随着可编程序控制器自身功能的完善和发展,1976年美国电气制造商协会(NEMA)经过4年的调查,将其正式命名为PC(Programmable Controller),因此PLC仅是人们延用了早期对它的习惯称呼。1985年1月国际电工委员会(IEC)对可编程序控制器(PC)作了如下规定:"可编程序控制器是一种数字运算操作的电子系统,专为在工业环境下应用而设计。它采用可编程序的存储器,用来在其内部存储执行逻辑运算、顺序控制、定时、计数和算术运算等操作的指令,并通过数字的、模拟的输入和输出,控制各种类型的机械或生产过程。可编程序控制器及其有关设备,都应按易于与工业控制系统形成一个整体、易于扩充其功能的原则设计。"

第一节 可编程序控制器概述

一、PLC的应用领域

现代社会要求制造业对市场需求作出迅速的反应，生产出小批量、多品种、多规格、低成本和高质量的产品，为了满足这一要求，生产设备和自动生产线的控制系统必须具有极高的可靠性和灵活性。在发达的工业国家，PLC已经应用于所有的工业部门，随着其性能价格比的不断提高，应用范围也不断扩大。PLC主要用于以下几个方面。

1. 开关量逻辑控制

PLC用"与"、"或"、"非"等逻辑指令来实现触点和电路的串、并联,代替继电器进行组合逻辑控制、定时控制与顺序逻辑控制。开关量逻辑控制可以用于单台设备,也可以用于自动生产线,其应用领域已遍及各行各业,甚至深入到家庭中。

2. 运动控制

PLC使用专业的指令或运动控制模块，对直线运动或圆周运动的位置、速度和加速度进行控制。使运动控制与顺序控制功能有机结合在一起，有的可以实现单轴、双轴、三轴和多轴位置控制。PLC 的运动控制功能被广泛应用于各种机械，例如金属切削机床、金属成形机械、装配机械、机器人、电梯等场合。

3. 闭环过程控制

闭环过程控制是指对温度、压力、流量等连续变化的模拟量的闭环控制。PLC 通过模拟量 I/O 模块，实现模拟量和数字量之间的 A/D 转换与 D/A 转换，并对模拟量实现闭环 PID（比例—积分—微分）控制。现代的 PLC 一般都有 PID 闭环控制功能，这一功能可以用 PID 子程序或专用的 PID 模块来实现。其 PID 闭环控制功能已经被广泛应用在塑料挤压成形机、加热炉、热处理炉、锅炉等设备，以及轻工、化工、机械、冶金、电力、建材等行业。

4. 数据处理

现代的 PLC 具有数学运算（包括四则运算、矩阵运算、函数运算、字逻辑运算、求反、循环、移位和浮点数运算等）、数据传送、转换、排序和查表、位操作等功能，可以完成数据的采集、分析和处理。这些数据可以与存储在存储器中的参考值比较，也可以通过通信功能传送到其他智能装置中或打印制表。

5. 通信联网

PLC 的通信包括主机与远程 I/O 之间的通信、多台 PLC 之间的通信、PLC 与其他智能控制设备（如计算机、变频器、数控装置）之间的通信。PLC 与其他智能控制设备一起，可以组成“集中管理、分散控制”的分布式控制系统。

二、PLC 的结构与工作原理

PLC 由以下部件组成：

- PLC
  - 主机
    - CPU：起总指挥的作用。
    - 存储器：存储系统及用户程序。
  - I/O 模块
    - 输入模块：接受输入设备。
    - 输出设备：输出控制信号。
  - 电源：为 CPU、存储器、I/O 接口等内部电子电路工作所配备的直流开关稳压电源。
  - 编程器：可手持编程。常用于输入、检查、修改、调试程序，监视 PLC 的工作情况。
  - I/O 扩展接口：扩充外部输入/输出端子数的扩展单元，与基本单元（即主机）连接在一起。
  - 外设接口：将编程器、打印机、条码扫描仪等外部设备与主机相连的设备。

PLC 可看成是由普通继电器、定时器、计数器等组合而成的电气控制系统。PLC 内部的继电器实际上是指存储器中的存储单元，称为软继电器。当输入到存储单元的逻辑状态为“1”时，则表示相应继电器的线圈通电，其常开触点闭合，常闭触点断开；而当输入到存储单元的逻辑状态为“0”时，则表示相应继电器的线圈断电，其常开触点断开，常闭触点闭合。所以这些软继电器体积小、功耗低、无触点、速度快、寿命长，并且具有无限多的常开、常闭触点供程序使用。图 3-1 所示为线圈及触点的梯形图符号。

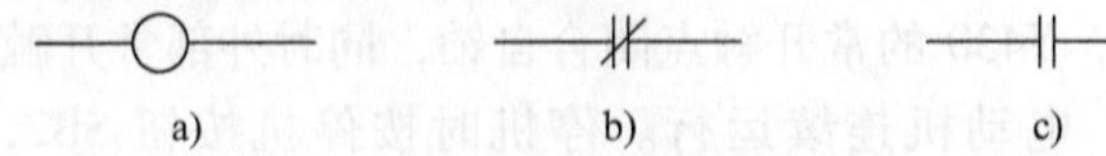

图 3-1　线圈及触点符号

a）线圈符号　b）常闭触点符号　c）常开触点符号

三、PLC 的结构

PLC 分成 3 部分：输入部分、内部控制电路和输出部分。PLC 的结构如图 3-2 所示。

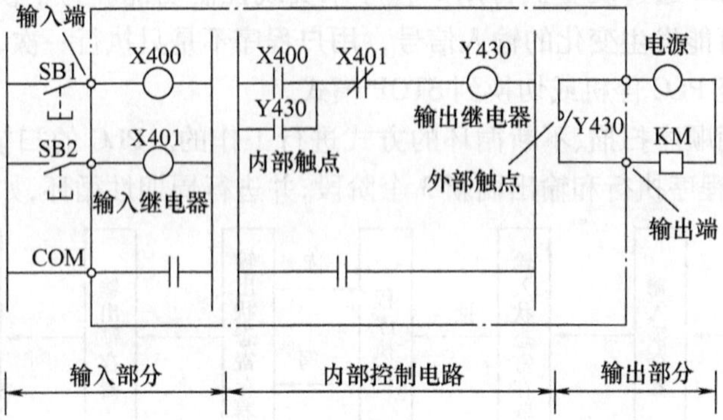

图 3-2　PLC 结构图

1. 输入部分

输入部分由输入接线端与等效输入继电器组成。输入继电器由接入输入端点的外部信号来驱动，其作用是收集被控制设备的各种信息或操作命令。

2. 内部控制电路

内部控制电路是由大规模集成电路构成的微处理器和存储器组成的，经过制造厂家的开发，为用户提供部件。内部控制电路的部件包括输出继电器、定时器、计数器、移位寄存器等，这些部件也有许多对常开触点和常闭触点供 PLC 内部使用。PLC 内部控制电路的作用是处理由输入部分所取得的信息，并根据用户程序的要求，使输出达到预定的控制要求。

3. 输出部分

其作用是驱动被控制的设备按程序的要求动作。对应每一条输出电路，相当于有一个输出继电器，此输出继电器有一个对外常开触点与输出端相连，其余均为供 PLC 内部使用的常开触点和常闭触点。当输出继电器接通时，对外常开触点闭合，外部执行元件可以通电动作。

4. 电路工作过程

当起动按钮 SB1 闭合，输入继电器 X400 接通，其常开触点 X400 闭合，输出继电器 Y430 接通，Y430 的常开触点闭合自锁，同时外部常开触点闭合，使接触器线圈 KM 通电，电动机连续运行。停机时按停机按钮 SB2，输入继电器 X401 接通，其常闭触点断开，线圈 Y430 断开，电动机停止运行。这里要注意，因与停机按钮相连的输入继电器 X401 采用的是常闭触点，所以停机按钮必须采用常开触点，这与继电-接触器控制电路不同。

四、PLC 的工作原理

PLC 有两种基本的工作模式，即运行（RUN）模式与停止（STOP）模式。在运行模式，PLC 通过反复执行用户程序来实现控制功能。为了使 PLC 的输出及时响应随时可能发生变化的输入信号，用户程序不是只执行一次，而是不断地重复执行，直至 PLC 停机或切换到 STOP 模式。

PLC 是采用顺序扫描、不断循环的方式进行工作的。PLC 的扫描工作过程可分为输入采样、程序执行和输出刷新 3 个阶段，并进行周期性循环，如图 3-3 所示。

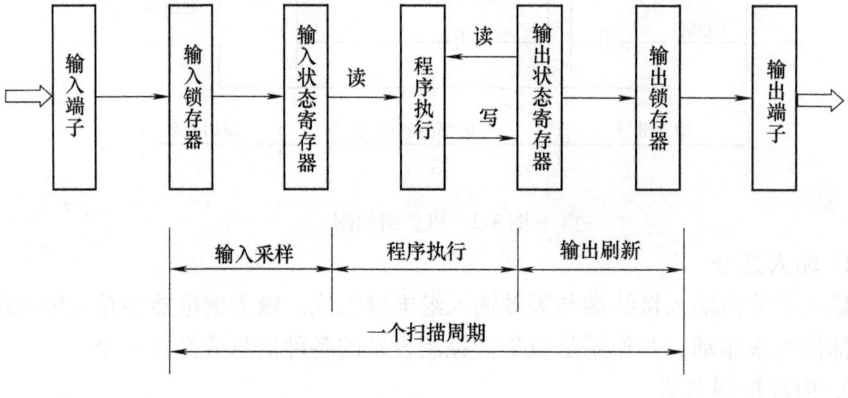

图 3-3 PLC 的工作方式

1. 输入采样阶段

在输入采样阶段，PLC 以扫描方式依次地读入所有输入状态和数据，并将它们存入 I/O 映象区中的相应单元内。输入采样结束后，转入用户程序执行和输出刷新阶段。在这两个阶段中，即使输入状态和数据发生变化，I/O 映象区中的相应单元的状态和数据也不会改变。因此，如果输入是脉冲信号，则该脉冲信号的宽度必须大于一个扫描周期，才能保证在任何情况下，该输入均能被读入。

2. 用户程序执行阶段

在用户程序执行阶段，PLC 总是按由上而下的顺序依次地扫描用户程序（梯形图）。在扫描每一条梯形图程序时，又总是先扫描梯形图左边的由各触点构成的控制线路，并按先左后右、先上后下的顺序对由触点构成的控制线路进行逻辑运算，然后根据逻辑运算的结果，刷新该逻辑线圈在系统 RAM 存储区中对应位的状态；或者刷新该输出线圈在 I/O 映象区中对应位的状态；或者确定是否要执行该梯形图程序所规定的特殊功能指令。即，在用户程序执行过程中，只有输入点在 I/O 映象区内的状态和数据不会发生变化，而其他输出点和软设备在 I/O 映象区或系统 RAM 存储区内的状态和数据都有可能发生变化，而且排在上面的梯形图程序，其执行结果会对排在下面的凡是用到这些线圈或数据的梯形图程序起作用；相反，排在下面的梯形图程序，其被刷新的逻辑线圈的状态或数据只能到下一个扫描周期才能对排在其上面的程序起作用。

3. 输出刷新阶段

当扫描用户程序结束后，PLC 就进入输出刷新阶段。在此期间，CPU 按照 I/O 映象区内对应的状态和数据刷新所有的输出锁存电路，再经输出电路驱动相应的外设。这时，才是 PLC 的真正输出。

第二节　FX 系列 PLC 的分类及选型要求

一、FX 系列 PLC 的分类

根据硬件结构的不同，可以将 PLC 分为整体式 PLC 和模块式 PLC。

1. 整体式 PLC

整体式 PLC（又叫做单元式或箱体式）的 CPU 模块、I/O 模块和电源装在一个箱状机壳内，结构非常紧凑。它的体积小，价格低，小型 PLC 一般采用整体式结构。图 3-4 所示是三菱公司的 FX 系列 PLC。

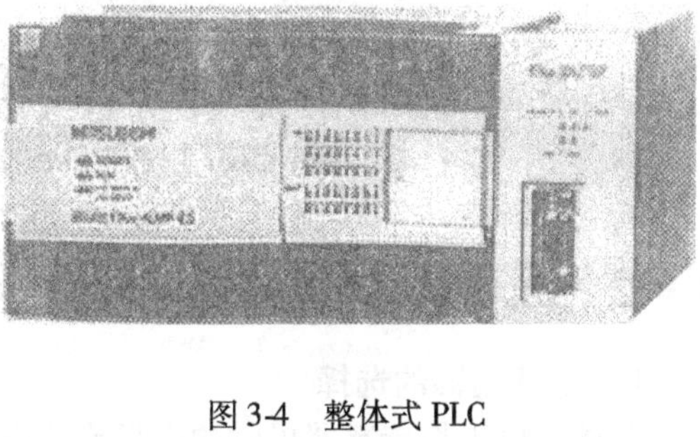

图 3-4　整体式 PLC

整体式 PLC 提供多种不同 I/O 点数的基本单元和扩展单元供用户选用。基本单元内有 CPU 模块、I/O 模块和电源，扩展单元内只有 I/O 模块和电源，基本单元和扩展单元之间用扁平电缆连接。各单元的输入点与输出点的比例一般是固定的，有的 PLC 有全输入型和全输出型的扩展单元。

整体式 PLC 一般配有许多专用的特殊功能单元，如模拟量 I/O 单元、位置控制单元和通信单元等，使 PLC 的功能得到扩展。

FX 系列的基本单元、扩展单元和扩展模块的高度和深度相同，但是宽度不同。各模块可以用底部自带的卡子卡在 DIN 导轨上，两个相邻的单元或模块之间用扁平电缆连接，安装好后组成一个整齐的长方体。

2. 模块式 PLC

大中型 PLC（例如西门子的 S5 系列）一般采用模块式结构。模块式 PLC 用搭积木的方式组成系统，它由机架和模块组成。模块插在模块插座上，后者焊在机架的总线连接板上，有的厂家将机架称为基板。PLC 厂家备有不同槽数的机架供用户选用，如果一个机架容纳不下选用的模块，可以增设一个或数个扩展机架，各机架之间用 I/O 扩展电缆相连，有的 PLC 需要通过接口模块来连接各机架。图 3-5 为模块式 PLC 的结构图。

图 3-5 模块式 PLC

1—电源模板(PS 951) 2—中央处理单元(CPU) 3—通讯处理器(CP)
4—输入/输出模板 5—接口模板(IM) 6—安装底板(CR,ER)
7—TTY 接口 8—存储子模板 9—电池

二、PLC 系统及其组件的选型

(一) 变送器的选择

变送器用于将传感器提供的电量或非电量转换为标准的直流电流或直流电压

信号。变送器分为电流输出型和电压输出型（例如直流 4～20mA 和 0～10V），电压输出型变送器具有恒压源的性质。由于 PLC 模拟量输入模块的电压输入端的输入阻抗很高，通常为 100kΩ～10MΩ，如果变送器距离 PLC 较远，通过线路间的分布电容和分布电感感应出的干扰信号电流在模块的输入阻抗处将产生较高的干扰电压。例如，1μA 干扰电流在 10MΩ 输入阻抗上将产生 10V 的干扰电压信号，所以远程传送模拟量信号时抗干扰能力很差。

电流输出型变送器具有恒流源的性质，恒流源的输出内阻很大。由于 PLC 的模拟量电流输入模块，输入阻抗较低，线路上的干扰信号在模块的输入阻抗上产生的干扰电压很低，所以模拟量电流信号适于远程传送。

电流的传送距离比电压的传送距离远得多。

（二）PLC 型号的选择

按 I/O 点数及内存容量的不同，PLC 可以分为以下 5 类。

1）超小型：小于 64 点，256B～1KB

2）小型：65～128 点，1～3.6KB

3）中型：129～512 点，3.6～13KB

4）大型：513～896 点，大于 13KB

5）超大型：大于 896 点，大于 13KB

在确定 PLC 的型号时，应考虑以下问题。

1. PLC 的硬件功能

（1）确定输入/输出（I/O）点数　应确定哪些信号需要输入给 PLC，哪些负载由 PLC 驱动，是开关量还是模拟量，是直流量还是交流量，电压的等级以及是否有特殊要求（例如快速响应）等，并建立相应的表格。如果系统不同部分相互距离很远，可以考虑使用远程 I/O。

（2）确定输入/输出（I/O）的性质　开关量控制是 PLC 的基本功能，对于开关量控制系统，主要需要考虑 PLC 的最大开关量 I/O 点数是否能满足系统的要求。对于有模拟量输入/输出的系统，需要考虑 PLC 的最大模拟量 I/O 点数是否能满足要求，每个模块的点数和平均每点的价格。

（3）确定系统的特殊功能　某些系统对 PLC 的功能有特殊要求，如通信联网、PID 闭环控制、快速响应和运动控制等，注意不同型号 PLC 能提供的功能范围。这时，选择整体式 PLC，要注意其是否具有高速计数器、高速脉冲输出、模拟量调节电位器、实时时钟等功能和中断功能；对于模块式 PLC，应考虑是否有相应的特殊功能扩展模块。

（4）确定 PLC 物理结构　PLC 的物理结构分为整体式和模块式，整体式 PLC 每一 I/O 点的平均价格比模块式的便宜，在小型控制系统中一般采用整体式 PLC。但是模块式 PLC 的功能扩展方便灵活，I/O 点数的多少、输入点数与输出点数的比例、I/O 模块的种类和块数、特殊 I/O 模块的选用等方面的选择余地都比整体式 PLC 大得多，维修时更换模块、判断故障范围也很方便，因此较复杂的、要求较高的系统一般选用模块式 PLC。

2. PLC 指令系统的功能

对于小型单台仅需要开关量控制的设备，一般的小型 PLC 便可以满足要求。如果系统要求 PLC 完成某些特殊的功能，应考虑 PLC 的指令系统是否有相应的指令来支持。

（三）I/O 模块的选择

PLC 的型号选好后，根据 I/O 表和可以供选择的 I/O 模块的类型，确定 I/O 模块的型号和块数。选择 I/O 模块时，I/O 点数一般应留有一定的余量，以备今后系统改进或扩充时使用。

1. 开关量输入模块的选择

开关量输入模块的输入电压一般为 DC 24V 和 AC 220V。直流输入电路的延迟时间较短，可以直接与接近开关、光电开关等电子输入装置连接。交流输入方式适合于在有油雾、粉尘和恶劣环境下使用，在这些条件下交流输入触点的接触较为可靠。

2. 开关量输出模块的选择

继电器型输出模块的工作电压范围广，触点的导通压降小，承受瞬时过电压和瞬时过电流的能力较强，但是动作速度较慢，触点寿命（动作次数）有一定的限制。如果系统的输出信号变化不是很频繁，建议优先选用继电器型的。

晶体管型与双向晶闸管型输出模块分别用于直流负载和交流负载，它们的可靠性高、反应速度快、寿命长，但是过载能力稍差。

输出模块的输出电流额定值应大于负载电流的最大值，大多数模块对每组的总输出电流也有限制，如 0.5A/点、0.8A/4 点。

（四）选择 I/O 模块还需要考虑的问题

1. 输入端匹配

输入模块的输入电路应与外部传感器的输出电路的类型配合，使二者能直接相连。例如，有的 PLC 的输入模块只能与 NPN 晶体管集电极开路输出的传感器直接相连，如果选用 NPN 晶体管发射极输出的传感器，需要在二者之间增加转换电路。

2. 模拟量模块的选择

应考虑变送器、执行机构的量程是否能与 PLC 的模拟量输入/输出模块的量程匹配。模拟量模块的 A/D、D/A 转换器的位数反映了模块的分辨率，8 位的模块分辨率低，价格便宜，12 位的则反之。模拟量模块的转换时间反映了模块的工作速度。

3. 成本方面的考虑

选择某些高密度 I/O 模块（例如 32 点开关量 I/O 模块），可以降低系统成本，但是高密度模块一般用 D 型插座来连接 I/O 线，不如普通 I/O 模块的接线端子那样方便。

4. 响应时间和抗干扰能力

I/O 模块有不同的响应时间和抗干扰能力。一般来说，更高的响应速度将会牺牲干扰抑制能力。因此，如果高的响应速度不是必需的，应选择有更高的干扰抑制能力但是工作速度较慢的 I/O 模块。

5. 高速输入

高速计数器可以对编码器提供的高速脉冲列计数，可以提供与 PLC 的扫描工作方式无关的立即输出。应考虑高速计数器的功能和工作频率是否能满足要求。

第三节　PLC 程序设计基础

一、PLC 的编程语言

1. 梯形图

梯形图（LD）是使用最广泛的 PLC 图形编程语言。梯形图与继电器控制系统的电路图很相似，直观易懂，很容易被工厂熟悉继电器控制的电气人员掌握，特别适用于开关量逻辑编程。梯形图由触点、线圈和应用指令等组成，如图 3-6 所示。触点代表逻辑输入条件，如外部的开关、按钮和内部条件等。线圈通常代表逻辑输出结果，用来控制外部的指示灯、交流接触器和内部的输出标志位等。

图 3-6　梯形图

在分析梯形图中的逻辑关系时，为了借用继电器电路图的分析方法，可以想像左右两侧垂直母线之间有一个左正右负的直流电源电压（有时省略了右侧的垂直母线），当图 3-6 中 X1 的触点接通，有一个假想的“能流”（Power）流过 Y0 的线圈。利用能流这一概念，可以帮助我们更好地理解和分析梯形图，能流只能从左向右流动。

梯形图的主要特点如下：

1）PLC 梯形图中的某些编程元件沿用了继电器这一名称，如输入继电器、输出继电器、辅助继电器等，但是它们不是真实的物理继电器（即硬件继电器），而是在软件中使用的编程元件。每一编程元件与 PLC 存储器中元件映像寄存器的一个存储单元相对应。以辅助继电器 M0 为例，如果对应的存储单元为 0 状态，梯形图中 M0 的线圈“断电”，其常开触点断开，常闭触点闭合，称 M0 为 0 状态，或称 M0 为 OFF。该存储单元如果为 1 状态，M0 的线圈“通电”，其常开触点接通，常闭触点断开，称 M0 为 1 状态，或称 M0 为 ON。

2）根据梯形图中各触点的状态和逻辑关系，求出与图中各线圈对应的编程元件的 ON/OFF 状态，称为梯形图的逻辑解算。逻辑解算是按梯形图中从上到下、从左至右的顺序进行的。解算的结果，马上可以被后面的逻辑解算所利用。逻辑解算是根据输入映像寄存器中的值，而不是根据解算瞬时外部输入触点的状态来进行的。

3）梯形图中各编程元件的常开触点和常闭触点均可以无限多次地使用。

4）输入继电器的状态唯一地取决于对应的外部输入电路的通断状态，因此在梯形图中不能出现输入继电器的线圈。

2. 顺序功能图

顺序功能图是是一种位于其他编程语言之上的图形语言，用来编制顺序控制程序。顺序功能图提供了一种组织程序的图形方法。在其中可以用其他语言嵌套编程。步、转换和动作是顺序功能图中三种主要的元件。顺序功能用来描述开关量控制系统的功能，根据它可以很容易地画出顺序控制梯形图程序，如图 3-7 所示。

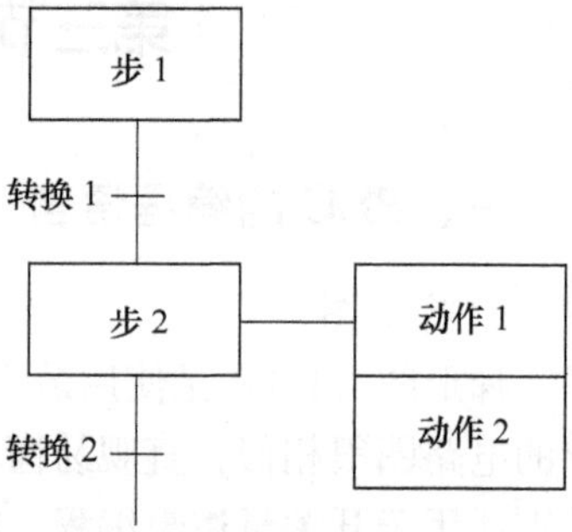

图 3-7 顺序功能图

3. 指令表

PLC 的指令是一种与微机的汇编语言中的指令相似的助记符表达式，由指令组成的程序可做指令表（IL，Instruction List）程序。指令表程序较难阅读，其中的逻辑关系很难一眼看出，所以在设计时一般使用梯形图语言。如果使用手持式编程器，必须将梯形图转换成指令表后再写入 PLC。在用户程序存储器中，指令按步序号顺序排列。

```
LD X1
AND X2
= Y0
```

图 3-8 指令表

图 3-8 所示的指令表是对应于图 3-6 中梯形图的。

二、FX 系列 PLC 梯形图中的编程元件

FX 系列 PLC 梯形图中的编程元件的名称由字母和数字组成，它们分别表示元件的类型和元件号，如 Y10、M129。输入继电器和输出继电器的元件号用八

进制数表示，八进制数只有 0 ~ 7 这 8 个数字符号，遵循“逢 8 进 1”的运算规则。例如，八进制数 17 和 20 是两个相临的整数。

FX 系列 PLC 有 5 种基本编程元件，分别是：

X：输入继电器，用于存放外部输入电路的通断状态。

Y：输出继电器，用于从 PLC 直接输出物理信号。

M（辅助继电器）和 S（状态继电器）：PLC 内部的运算标志。

T：定时器：对时间或事件产生定时或延时功能。

C：计数器，实现外部或内部信号的递增或递减计数。

1. 输入继电器（X）

输入继电器是 PLC 接收外部输入的开关量信号的窗口。PLC 通过光电耦合器，将外部信号的状态读入并储存在输入映像寄存器中。输入端可以外接常开触点或常闭触点，也可以接多个触点组成的串并联电路或电子传感器（如接近开关）。在梯形图中，可以多次使用输入继电器的常开触点和常闭触点。

2. 输出继电器（Y）

输出继电器是 PLC 向外部负载发送信号的窗口。输出继电器用来将 PLC 的输出信号传送给输出模块，再由后者驱动负载。

3. 辅助继电器（M）和状态继电器（S）

辅助继电器是用软件实现的，它们不能接受外部的输入信号，也不能直接驱动外部负载，是一种内部的状态标志，相当于继电器控制系统中的中间继电器。

状态继电器是用于编制顺序控制程序的一种编程元件（状态标志）。

4. 定时器（T）

PLC 中的定时器相当于继电器系统中的时间继电器。它有一个设定值寄存器字，一个当前值寄存器字，和一个用来储存其输出触点状态的映像寄存器位，这三个存储单元共用同一个元件号。FX 系列 PLC 的定时器分为通用定时器和积算定时器。

5. 计数器（C）

PLC 提供数百至上千个数量不等的内部计数器线圈，它们一般由软件构成。按照它们的计数方式，可以分成递加计数器、递减计数器和递加/递减计数器。每种计数器根据存放当前计数值的存储单元的不同，又可分成普通计数器和具有失电保持的计数器有些型号的 PLC 还提供计数频率高达 10kHz 的内部高速计数器。

三、FX 系列 PLC 的常用指令

FX 系列 PLC 共有 27 条基本逻辑指令，此外还有一百多条应用指令。仅用基本逻辑指令便可以编制出开关量控制系统的用户程序。

1. 输入、输出指令

LD（Load）：电路开始的常开触点对应的指令，可以用于 X、Y、M、T、C 和 S。

LDI（Load Inverse）：电路开始的常闭触点对应的指令，可以用于 X、Y、M、T、C 和 S。

OUT（Out）：驱动线圈的输出指令，可以用于 Y、M、T、C 和 S。

LD 与 LDI 指令对应的触点一般与左侧母线相连。

OUT 指令不能用于输入继电器 X，线圈和输出类指令应放在梯形图的最右边。OUT 指令可以连续使用若干次，相当于线圈的并联。

2. 串并联指令

串、并联指令可以用于 X、Y、M、T、C 和 S。

AND（And）：常开触点串联连接指令。

ANI（And Inverse）：常闭触点串联连接指令。

AND 指令和 ANI 指令只能用于一个触点与前面的触点串联，不能用于两个及以上触点并联的电路块与前面的电路串联，并联电路块串联要使用 ANB 指令。

OR（Or）：常开触点并联连接指令。

ORI（Or Inverse）：常闭触点并联连接指令。

OR 指令和 ORI 指令只能用于一个触点与前面的电路并联，不能用于两个及以上触点串联的支路与前面的电路并联，串联支路并联要使用 ORB 指令。

3. 电路块并联指令

ORB：将两个及以上触点串联的支路（亦称串联电路块）与前面支路并联。

使用 ORB 指令的原则如下（如图 3-9 所示）：

1）先组块后并联。

2）使用 ORB 指令对各个支路进行并联时，各个支路的起点须使用 LD、LDI 指令。

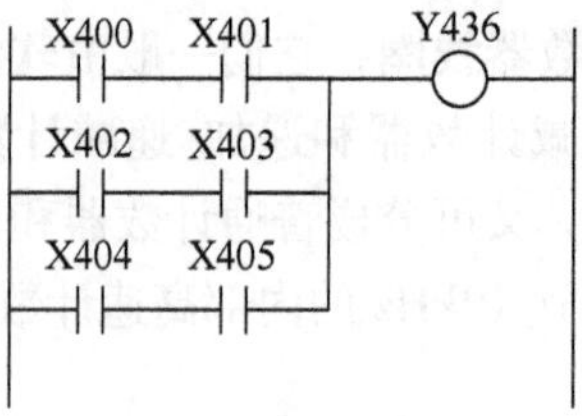

LD	X400	组成第一个串联支路
AND	X401	
LD	X402	组成第二个串联支路
AND	X403	
ORB		两个串联支路并联
LD	X404	组成第三个串联支路
AND	X405	
ORB		与前面的电路块并联
OUT	Y436	

图 3-9　ORB 指令示例

3）多个支路组成的并联电路，每写一条并联支路后紧跟一条 ORB 指令，则并联电路块的条数没有限制，这种编程方式较好。也可以在所有的支路组成之后，集中写若干条 ORB 指令，但这种写法并联支路不能超过 8 条，是不好的编程方式。

4. 电路块串联指令

ANB：将多个触点并联的支路（亦称并联电路块）与前面的支路串联。

使用 ANB 指令的原则如下（如图 3-10 所示）：

1）先组块后串联。

2）在每一电路块开始时，须使用 LD、LDI 指令。

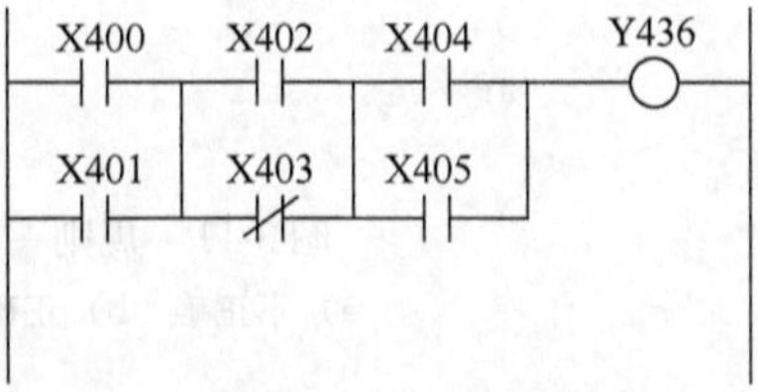


```
LD  X400
OR  X401
LD  X402
ORI X403
ANB
LD  X404
OR  X405
ANB
OUT Y436
```

图 3-10　ANB 指令示例

3）多个电路块组成的串联电路，在组成一个电路块后，紧跟一条 ANB 指令，则串联电路块的个数没有限制，这种编程方式较好。也可以在所有的电路块组成之后，集中写若干条 ANB 指令，但这种写法串联电路块不能超过 8 个，是不好的编程方式。

5. 置位复位指令

SET：置位指令，使操作保持 ON 的指令。

RST：复位指令，使操作保持 OFF 的指令。

SET 指令用于 Y、M 和 S，RST 指令可以用于复位 Y、M、S、T、C。

6. 结束指令

END：程序结束时写入 END 指令。

调试程序时，若在每个程序块的末尾写上 END 指令，检查每一个程序块的运行情况时就可以减少调试时间。检查完毕后，再将各个 END 指令删去。

第四节　梯形图的设计规则及应用实例

一、梯形图的设计规则

梯形图：是由表示 PLC 内部编程元件的图形符号所组成的阶梯状图形。绘制梯形图时应遵循以下几条规则。

规则一：梯形图按从左到右，自上而下的顺序绘制（指令编程亦应从左到右，自上而下）。每个编程元件线圈为一逻辑行。元件线圈与右母线直接相连。两线圈不能串联，也不能在线圈与右母线之间接其他元件，线圈一般也不允许直接与左母线相连。图 3-11 所示为规则一。

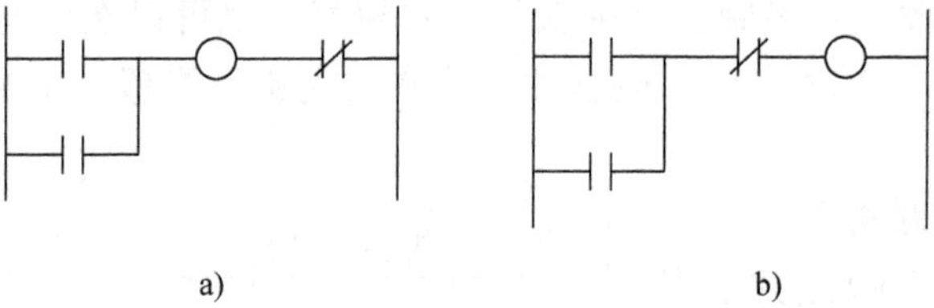

图 3-11 规则一
a）不正确 b）正确

规则二：除有跳转指令外，一般某编号的线圈在梯形图中只能出现一次。

规则三：在梯形图中的触点应画在水平线上，不应画在垂直线上，这是因为这种形式的梯形图无法用指令语句编程，应改画成能够编程的形式。图 3-12 所示为规则三。

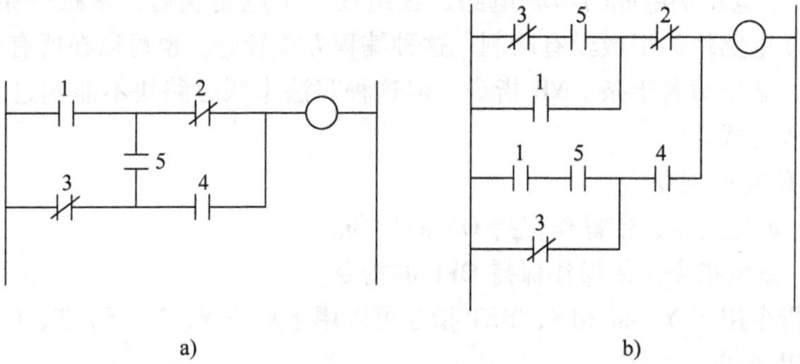

图 3-12 规则三
a）不正确 b）正确

规则四：绘制梯形图时，应按照“上重下轻、左重右轻”的原则进行。即当几条支路并联时，串联触点多的应画在上面；几个电路块串联时，并联触点多的电路块应画在左边。按照这个原则绘制的梯形图符合“从左到右、自上而下”的程序执行顺序，并易于用指令语句编程。图 3-13 所示为规则四。

规则五：输入继电器的线圈由输入端子上的外部信号驱动，因而输入继电器的线圈不应出现在梯形图中。梯形图中输入继电器触点的通断取决于外部信号。

二、PLC 应用实例设计

PLC 应用控制系统设计的一般步骤为：

1）分析控制任务，确定控制方案。

2）选择 PLC 机型。

3）系统设计，包括硬件设计和软件设计。

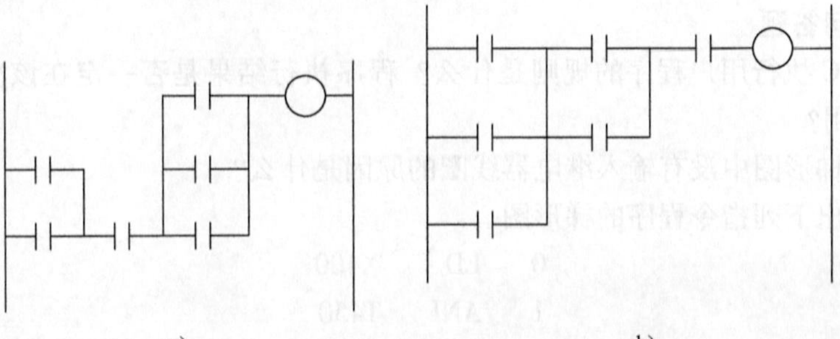

图 3-13　规则四

a）不正确　b）正确

4）系统调试。

现以三相交流异步电动机Y-△换接起动控制实验为例，说明 PLC 应用系统设计方案。

三相大容量交流异步电动机，直接启动时电流过大，对电网和控制电器带来不利影响，因此采用Y-△启动方案可达到降压启动的效果，采用 PLC 实现这一方案的原理图及梯形图如图 3-14、图 3-15 所示。

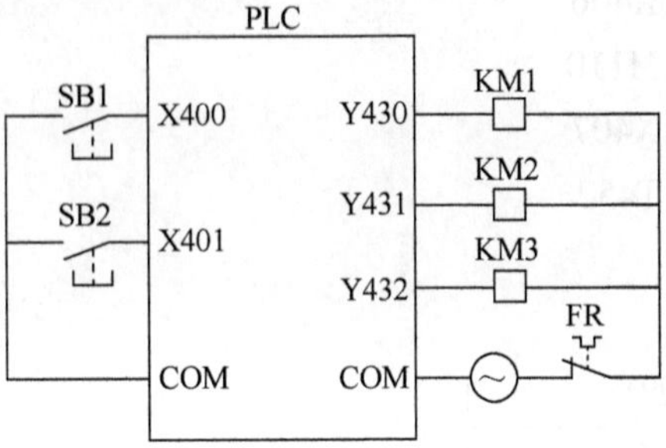

图 3-14　外部接线图

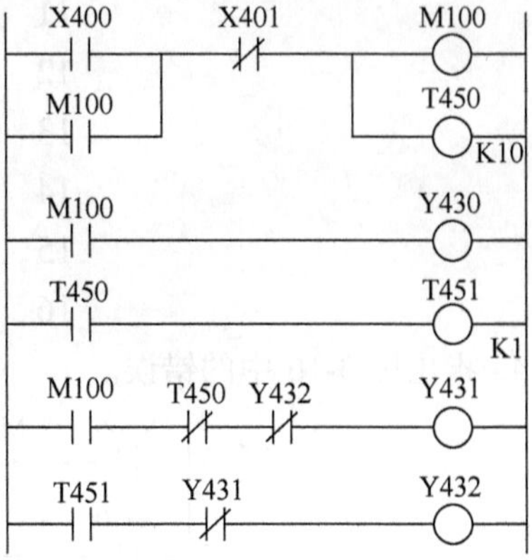

图 3-15　程序图

思考与训练题

一、是非题

1. 现代 PLC 没有模拟量控制功能。……………………………………（　　）
2. PLC 中继电器功能是由软件控制的。…………………………………（　　）

3. 输入端状态只在输入采样周期时被读入 I/O 映象区。……………（　　）

4. PLC 的顺序扫描周期应小于全部输入端输入信号的变化周期。…（　　）

二、问答题

1. PLC 执行用户程序的规则是什么？程序执行结果是否一定在该次扫描周期中起作用？

2. 在梯形图中没有输入继电器线圈的原因是什么？

3. 绘出下列指令程序的梯形图。

```
0    LD     X400
1    ANI    T450
2    LD     M100
3    AND    X404
4    ORI    Y402
5    AND    X405
6    ORB
7    LDI    Y440
8    OR     C460
9    ANB
10   OR     Y441
11   OUT    Y430
12   AND    X406
13   OUT    M110
14   AND    X407
15   OUT    T452
16   END
```

4. 指出图 3-16 中的错误。

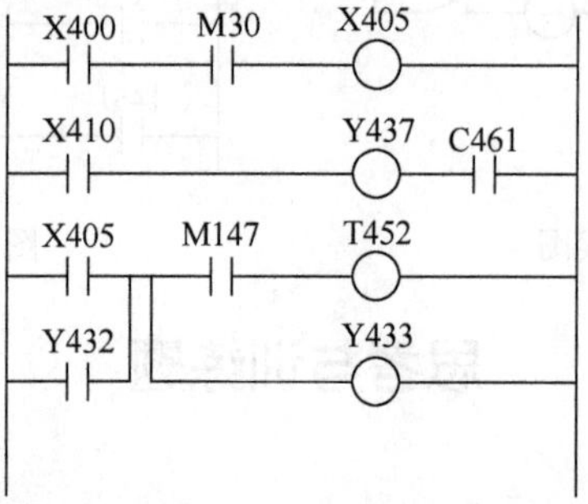

图 3-16　问答题 4 配图

第四章　电子线路基础及制作工艺

第一节　常用电子元器件

一、电阻与电位器

（一）电阻

电阻是电子整机中使用最多的基本元件之一，它在电路中一般用于稳定、调节、控制电压或电流的大小，起到限流、降压、偏置、取样、调节时间常数、抑制寄生振荡等作用。

1. 电阻器的种类

电阻一般分成固定电阻、可变电阻和敏感电阻三大类。通常把可变电阻叫做电位器，敏感电阻主要有热敏电阻、光敏电阻、压敏电阻及温敏电阻等。电阻按材质分有碳膜电阻、金属膜电阻、线绕电阻等。电阻按用途分有通用型、精密型、高频型、高压型、高阻型、集成型等。

2. 电阻的主要技术指标

（1）额定功率　它是电阻在交直流电路中长期连续工作所允许消耗的最大功率。常用的电阻功率标称值有1/8W、1/4W、1/2W、1W、2W、5W、10W、20W等。

（2）标称阻值　根据有关标准，常用的标称电阻值（E24、E12、和E6系列也适用于电位器和电容器）系列请见表4-1。

表4-1　常用标称电阻值系列

标称值系列	精　　度	电阻器、电位器标称值①							
E24	±5%	1.0	1.1	1.2	1.3	1.5	1.6	1.8	2.0
		2.2	2.4	2.7	3.0	3.3	3.6	3.9	4.3
		4.7	5.1	5.6	6.2	6.8	7.5	8.2	9.1
E12	±10%	1.0	1.2	1.5	1.8	2.2	2.7		
		3.3	3.9	4.7	5.6	6.8	8.2		
E6	±20%	1.0	1.5	2.2	3.3	4.7	6.8		

① 表中数值再乘以10^n，n为整数。

（3）精度　实际阻值与标称阻值的相对误差为电阻的精度，普通电阻的精

度可分为 ±5%、±10% 等，精密电阻的精度可分为 ±2%、±1%、±0.5%、±0.1%、±0.05% 等，在电子产品设计中，可根据电路的不同要求选用不同精度的电阻。另外，精度越高电阻的价格越贵。

3. 电阻的色环标志法

小功率电阻通常情况下使用色环法表示电阻的标称值和精度。

四环色标电阻：表示标称电阻值及精度（有二环有效数字）。

五环色标电阻：表示标称电阻值及精度（有三环有效数字）。

为避免混淆，第五环的宽度是其他色环的 1.5～2 倍。色环颜色代表的数字及意义见表 4-2。

表 4-2 色标的基本色码及意义

色别	左第一环	左第二环	左第三环	右第二环	右第一环
	第一位数	第二位数	第三位数	应乘倍率	精　度
棕	1	1	1	10^1	F = ±1%
红	2	2	2	10^2	G = ±2%
橙	3	3	3	10^3	
黄	4	4	4	10^4	
绿	5	5	5	10^5	D = ±0.5%
蓝	6	6	6	10^6	C = ±0.2%
紫	7	7	7	10^7	B = ±0.1%
灰	8	8	8	10^8	
白	9	9	9	10^9	
黑	0	0	0	10^0	
金				10^{-1}	J = ±5%
银				10^{-2}	K = ±10%

4. 常用电阻的型号

碳膜电阻（RT）、金属膜电阻（RJ）、线绕电阻（RX）、实芯电阻（RS）。

5. 热敏电阻

热敏电阻目前多由半导体材料制成。热敏电阻按其阻值温度系数分为负温度系数电阻（即 NTC 型）和正温度系数电阻（即 PTC 型）两种。前者电阻值随温度增加而减小，后者电阻值随温度增加而增加。图 4-1 所示为热敏电阻外形及 *R-T* 特性曲线图。

PTC 热敏电阻常用于电蚊香器、电手暖炉、电冰箱电机启动、电机保护电路等装置中，PTC 热敏电阻多用钛酸钡做主要材料；NTC 热敏电阻广泛应用于温控电路中。采用电吹风适当加热能够看到电阻明显变化，否则说明其已失效。

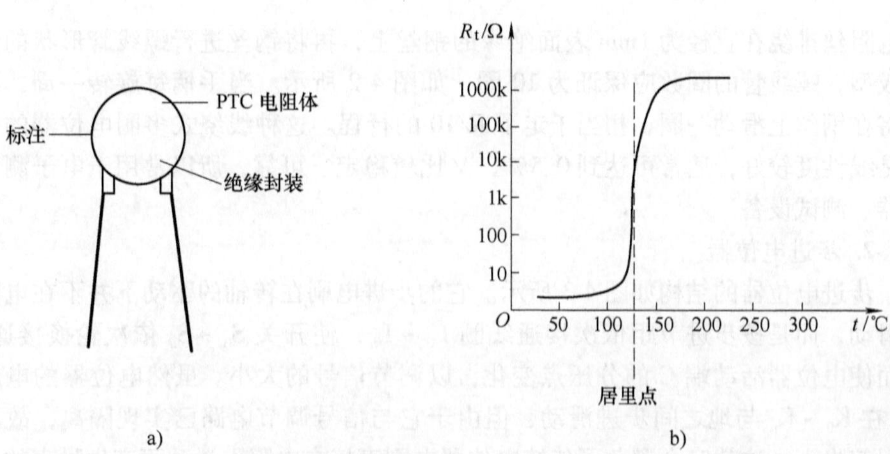

图 4-1　PTC 热敏电阻的外形及 *R-T* 特性曲线

a）外形　b）特性曲线

6. 压敏电阻

压敏电阻是一种对外加电压的变化产生敏感效应的特种电阻。其阻值的变化与外加电压的变化成反比关系，即当外加电压增高时，其电阻值反而减小。其主要有硅压敏电阻和氧化锌压敏电阻两种。硅压敏电阻的特点是工作电压低，最低为 0.55V，它一般起过电压保护、稳压、限幅、非线性补偿等作用。氧化锌压敏电阻具有较大的非线性系数，有良好的限压特性，在高电压工作条件下耐浪涌电流的能力强，通常用于电子设备过电压、反压峰值、雷击高压、电源浪涌、晶闸管过压、晶体管击穿的保护以及高电压稳压等。

（二）电位器

电位器在电路中常用于电位调整、无级分压、增益调节、音量控制、音质调整、电视机模拟量调节等。

电位器以结构特点可分为普通电位器、多圈电位器、步进电位器、函数电位器、数字电位器、精密电位器等。以下介绍三种电位器。

1. 旋转式线绕多圈电位器

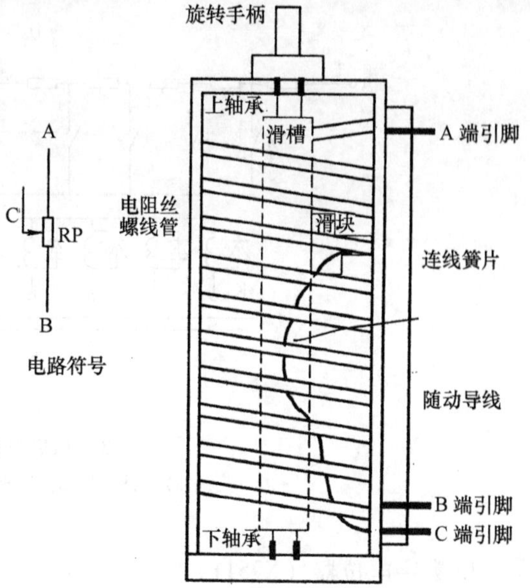

图 4-2　旋转式线绕多圈电位器

它是将直径小于 0.2mm 的金

属电阻丝排绕在直径为1mm表面绝缘的钢丝上，再将钢丝进行螺线管形状的弯制成型，螺线管的圈数应保证为10圈，如图4-2所示。当手柄每旋转一周，滑块将在钢丝上滑动一圈，相当于走了$R/10$的行程。这种线绕式多圈电位器的优点是线性度较好，通常可达到0.5%，又比较稳定、可靠，所以常用于电子测量仪器、测试设备。

2. 步进电位器

步进电位器的结构如图4-3所示。它的步进电刷在转轴的驱动下并不在电阻上滑动，而是按步进节距依次接通线圈 $L_0 \sim L_n$，使开关 $S_0 \sim S_n$ 依次轮换接通，从而使电位器活动端C的分压点变化，以调节信号的大小。虽然电位器的电刷CH在 $K_0 \sim K_n$ 与地之间步进滑动，但由于它与信号调节电路已实现隔离，故不会引起噪声。这就完全避免了传统电位器电刷直接在电阻上滑动而产生噪声的现象。

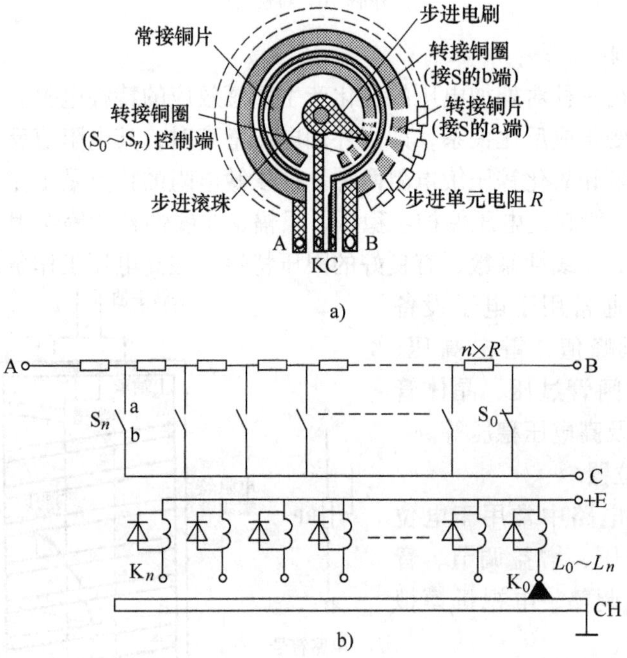

图4-3 步进电位器

a）结构图 b）原理电路图

3. 数字电位器（X9511）

它是一种CMOS集成式元件，封装采用8脚DIP、SOIC、TSSOP形式，其元件外形与外部接线如图4-4所示。

数字电位器 X9511 的内部电路结构如图 4-5 所示。它包含一个由 $R_1 \sim R_{31}$ 共 31 个单元电阻 R 所构成的电阻阵列。在每一个单元电阻之间和任一端都有可以被滑动单元访问到的抽头点。滑动单元的位置由 PU、PD 输入控制，PU、PD 输入控制数据计数输出到 1/32（即 32 选 1）译码器，去开通传输门，使传输门在同一时刻只有一个 P-MOS 场效应晶体管被访问开通，从而决定中心滑动点 VW 所在电阻阵列的位置，即理想地达到调节 R_{AC}/R_{CB} 比值的目的。

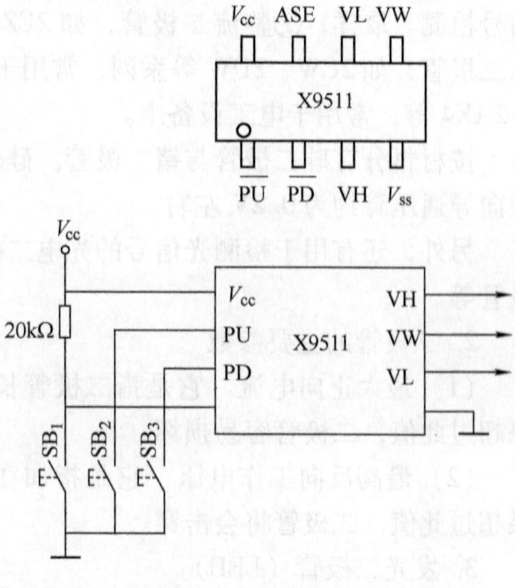

图 4-4　数字电位器的外形与外部接线

已调滑动端的位置数据可由 ASE 端按钮储存在一个 EPROM（只读存储器）中，以使下次重新通电时根据需要被重新调用，已调滑动端位置数据可存储若干年。

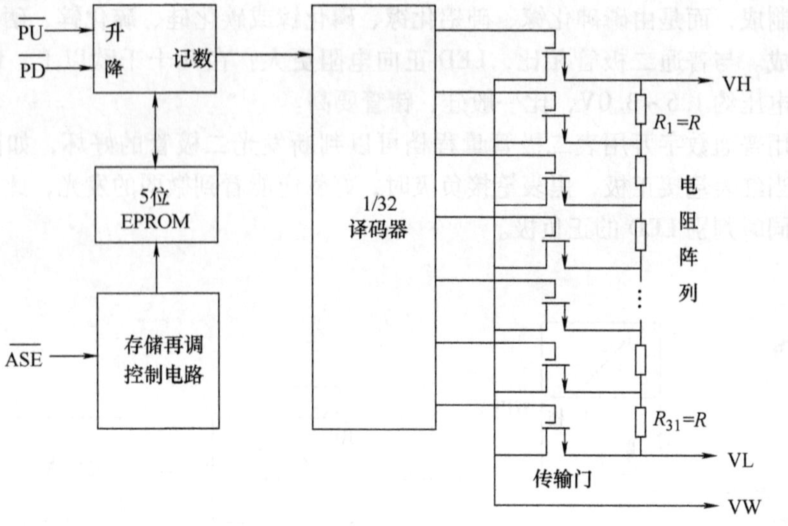

图 4-5　数字电位器的内部电路结构

二、二极管

二极管中用特殊工艺将 P 型和 N 型半导体结合在一起，在交界面上形成 PN 结。PN 结具有单向导电性，当阳极处于高电位，阴极处于低电位时，二极管正向导通。

1. 二极管的分类

按用途分有：①普通二极管，如2AP1～2AP10、2CP1～2CP20等，常用于信号检测、取样；②整流二极管，如2CZ系列，常用于各种电源设备中；③稳压二极管，如2CW、2DW等系列，常用于稳压电源中；④开关二极管，如2AK1～2AK4等，常用于电工设备中。

按材料分有硅二极管与锗二极管。硅管正向导通压降约为0.7V左右，锗管正向导通压降约为0.2V左右。

另外，还有用于检测光信号的光电二极管以及当电流流过时能发光的发光二极管等。

2. 二极管的主要参数

（1）最大正向电流　它是指二极管长期工作所允许的最大平均电流值。如果超过此值，二极管容易损坏。

（2）最高反向工作电压　它是指加在二极管上的反向最大允许电压值。如果超过此值，二极管将会击穿。

3. 发光二极管（LED）

发光二极管虽然也是具有一个PN结的单向导电元件，但它不是由普通的硅、锗制成，而是由磷砷化镓、砷铝化镓、磷化镓或碳化硅、硫化锌、硒化锌等材料制成。与普通二极管相比，LED正向电阻更大，在几十千欧以上，LED正向导通电压约1.6～3.0V，比一般硅、锗管要高。

使用普通数字万用表二极管量程档可以判断发光二极管的好坏，如图4-6a所示，当红表笔接正极，黑表笔接负极时，好管应能看到微弱的发光，此方法显然也能同时判别LED的正负极。

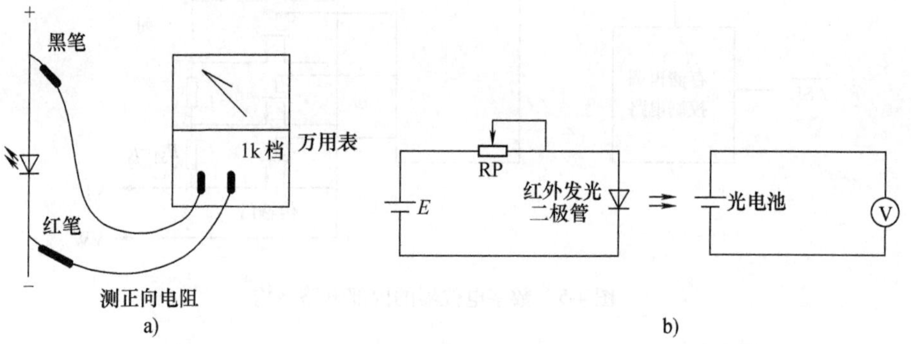

图4-6　发光二极管

a）用万用表判断LED的好坏　b）红外发光二极管应用

4. 红外发光二极管

有一类砷化镓和砷铝化镓制成的红外发光二极管，如图 4-6b 所示，它不能发可见光，但能发出红外线。由于它发出的红外线人眼看不到，不会对视觉产生干扰，所以在遥控彩色电视机、音响、DVD 机等家电中被广泛使用。它用于防盗装置，保密性较好。它还可和光电晶体管组成用途极广的光电开关——光电耦合器。

红外发光管的主要参数见表 4-3。

表 4-3　红外发光管的主要参数

功　率	型　号	正向压降/V	工作电流/V	发光功率/mW
小	HG401、HG411、BT401、2GL、5GL	1.6 ~ 1.8	0.03	>2
中	HG50 型	1.3 ~ 1.6	0.3	几十
大	HG52 型	1.2	3	>500

三、晶体管

晶体管（俗称“三极管”）由两个 PN 结构成，它有三个电极：发射极（e）、基极（b）和集电极（c）。根据组合方式不同，可分为 PNP 和 NPN 两种类型。按频率分类有低频管和高频管，按功率分类有小功率管和大功率管。其结构和符号如图 4-7 所示。

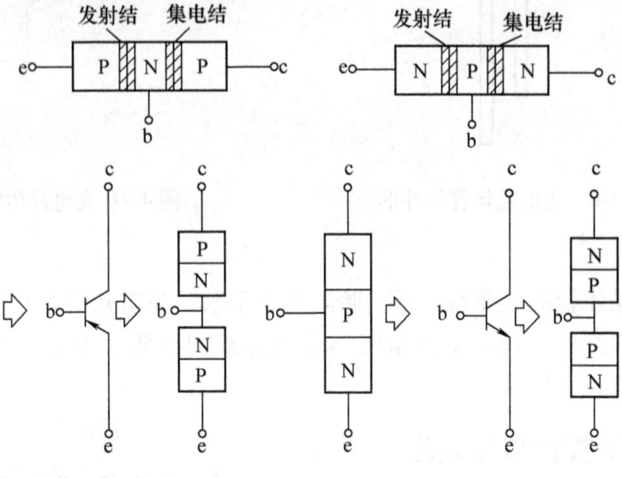

图 4-7　晶体管的结构和符号

1. 晶体管的主要参数

（1）极限参数　有集电极最大允许电流 I_{CM}、集电极发射极击穿电压 U_{CEO} 和集电极最大允许耗散功率 P_{CM}。晶体管使用时不能超过其极限值。

（2）电流放大系数　有晶体管直流电流放大系数 $H_{FE}=I_c/I_b$；有交流电流放大系数 $\beta=\Delta I_c/\Delta I_b$。$H_{FE}$ 与 β 是较近似的。

（3）穿透电流　集电极发射极反向电流。该值要小，越大工作越不稳定。

2. 晶体管的主要作用

晶体管的主要功能是放大电信号，根据不同需要可组成电流放大、电压放大、功率放大等不同的电路。晶体管三个极电流之间的关系为：

$$I_e=I_c+I_b$$

另外，晶体管还可工作在截止区和饱和区，可以利用晶体管的这两种工作状态来组成开关电路，这在脉冲数字电路中得到广泛应用。

3. 光电晶体管

光电晶体管又叫光敏晶体管，在各类电子、电工设备及家电中被广泛应用。它可视为一个光电二极管和一个普通晶体管的复合，但多数仅引出 c、e 两极，其外形与一般发光二极管相似。图 4-8 所示为光电晶体管的外形，图 4-9 所示为光电晶体管的电路原理。

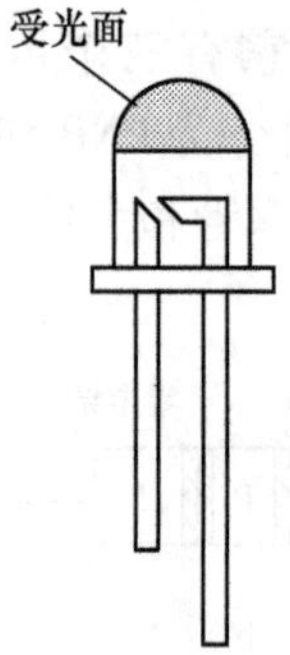

图 4-8　光电晶体管的外形

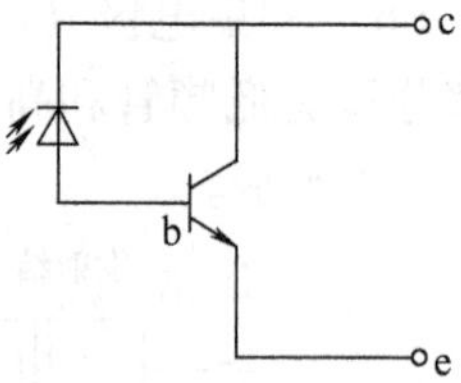

图 4-9　光电晶体管的电路原理

光电晶体管的主要特点是，暗阻几十千欧，亮阻几千至几百欧。光照应当是自然日光或红外光源。上述电阻值应当是正向电阻，即数字万用表红表笔接 c 极、黑表笔接 e 极。

四、干簧管和湿簧管

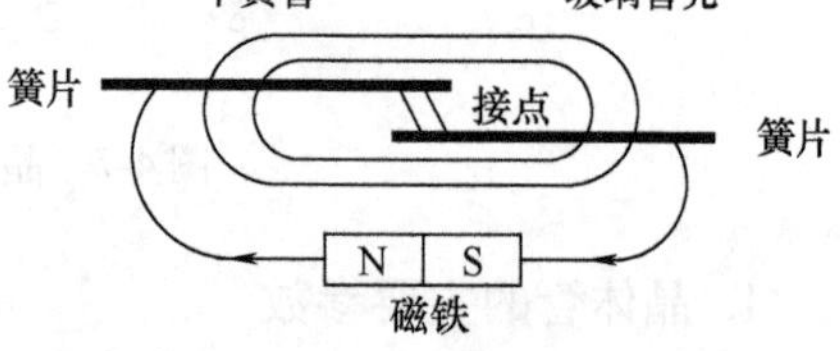

图 4-10　常开接点干簧管的构造

干簧管又称干簧开关，按功能不同可以分为常开、常闭和转换（常开常闭）接点三种。常开接点干簧管的构造如图 4-10 所示。在玻管内有二片中部重叠并留有约 0.2mm 左右间隙的导电、导磁的金属片（多由铁镍合金制成），当永久磁铁靠近时，中部金属片重叠部位因相吸而连通。当磁铁离开，磁力减小到一定值，接点又因金属片弹力而断开。其他两种工作的原理与之类似。

干簧管的触点容量较小，接触电阻也较大。人们在玻管内充入水银和高压氢气，制成湿簧开关即湿簧管。其工作原理与干簧管类似，但具有更小的接触电阻。一些干、湿簧管的主要参数见表4-4。

表4-4　干、湿簧管的主要参数

型　号	干　簧　管						湿　簧　管			
	GAG—2	GAG—32	GAG—3	GAG—4	GAG—6	GAG—7	通用型	低阻型	功率型	二偏位置型
接点形式	常开	转换	常闭	常开			常开常闭一副转换			
接触电阻/Ω	≤0.07	≤0.02		≤0.15			<0.02	<0.01	<0.01	<0.02
接点电流/A	DC 0.2	DC 0.1		DC 0.05		AC 5	2		5	2
接点电压/V	DC 24	DC 12				AC 250	500			

五、电容器

电容器简称电容，是一种储能器件，它的基本结构是在两个相互靠近的导体之间覆一层不导电的绝缘材料——介质。它在介质两边储存一定量的电荷，把电容储存电荷的过程称为充电，把放出电荷的过程称为放电，储存电荷的能力用电容量表示，基本单位是法拉（F），由于法拉的单位太大，因此电容量的常用单位是微法（μF）、纳法（nF）和皮法（pF）。

1. 电容器的种类

常用电容器的种类见表4-5。

表4-5　常用电容器的种类

固定式	有机介质	纸介	普通纸介
			金属化纸介
		有机薄膜	涤纶
			聚碳酸脂
			聚苯乙烯
			聚四氟乙烯
			聚丙烯
			漆膜
	无机介质	云母	
		陶瓷	瓷片
			瓷管
			独石

（续）

固定式	无机介质	玻璃	玻璃膜
			玻璃釉
			独石
	电解	铝电解	
		钽电解	
		铌电解	
可变式	可变：空气、云母、薄膜		
	半可变：瓷介、云母		

2. 电容器的耐压

电容器的耐压是指电容在电路中长期可靠地工作所能承受的最高直流电压，这是电容器的一个重要技术指标。

3. 电解电容器

电解电容器是以金属氧化物膜作为介质，以金属和电解质作为电容的两极。金属为正极，电解质为负极。使用电解电容时应注意极性，不得搞错，它不能用于交流电路。电解电容的一个重要作用是滤波或储能。滤波是把整流电路输出的脉动直流电变为平稳的直流电。通用型的电解电容器是铝电解电容器，它的绝缘电阻小，漏电损耗大，容量范围是0.33～10000 μF，额定工作电压一般在6.3～500V之间。另外，钽电解电容具有绝缘电阻大、漏电小、寿命长、长期存放性能稳定、温度及频率特性好等优点，但它的成本高、额定电压低（最高只有160V），因此钽电解电容主要用于对电气性能要求较高的电路，如积分、计时、延时开关电路等。

六、电感器

电感器简称电感，它的应用范围较广泛，在调谐、振荡、耦合、滤波、补偿等电路中，都是必不可少的。电感器按形式分有固定电感、可变电感和微调电感。电感器的电感量标准单位是亨利（H），常用的有毫亨（mH）、微亨（μH）。

电感的基本参数有：

1. 品质因数 Q

品质因数 Q 表示在某一工作频率下，线圈的电感量与线圈的等效总损耗电阻之比，即 $Q=\omega L/R$。Q 值越高，线圈的损耗越小。

2. 额定电流

额定电流是指线圈正常工作时所允许通过的最大电流。

普通收音机中有一个中周线圈，它的电感量可通过调节中间的磁芯来改变，也叫微调电感器。传统日光灯中也有一个电感镇流器。

七、集成稳压器

集成稳压器是模拟集成电路中的重要部件，它具有体积小、性能好、成本低、使用方便等优点，它按使用情况大致可分为三端固定式、三端可调式、多端可调式和单片开关电源等几种。以下着重介绍三端固定式稳压器。

三端固定式稳压器是一种串联调整式稳压器，它将取样电阻、补偿电容、保护电路、大功率调整管制作在同一芯片上，仅有三个引出端，使用非常方便。典型产品有输出正电压的 W7800 系列和输出负电压的 W7900 系列。以下是其命名方法。

W 78或79 X XX
- XX —— 输出电压值
- X —— 输出电流
- 78或79 —— 固定输出正电压或负电压
- W —— 厂标

输出电压一般分为 5V、6V、7V、8V、9V、10V、11V、12V、15V、18V、24V 共 11 种。输出电流能力可分为六类：

L	表示输出最大电流不大于 100mA
N	表示输出最大电流不大于 300mA
M	表示输出最大电流不大于 500mA
无字母	表示输出最大电流不大于 1.5A
T	表示输出最大电流不大于 3A
H	表示输出最大电流不大于 5A

八、贴片元器件

贴片元器件也称做表面装配元器件、片状元器件或 SMT（表面安装技术）元器件，它是 20 世纪 70 年代发展起来的，目前已有 60% 左右的电子产品采用了表面装配元器件。SMT 元器件的体积比传统的元器件小很多，其长、宽、高最小可以达到 0.6×0.3×0.3mm；另外，SMT 元器件直接贴装在印制线路板的表面，它不需要传统元器件的通孔，因此使印制线路板的布线密度大大提高。SMT 元器件包括片状电阻器、电容器、电感器、滤波器和陶瓷振荡器，还有二极管、晶体管、场效应晶体管、集成电路等，几乎全部传统电子元件的每个品种都已经被“SMT 化”了。图 4-11 所示是一种 SMT 元器件的外形图，表 4-6 是典型系列 SMT 元器件的外形尺寸。

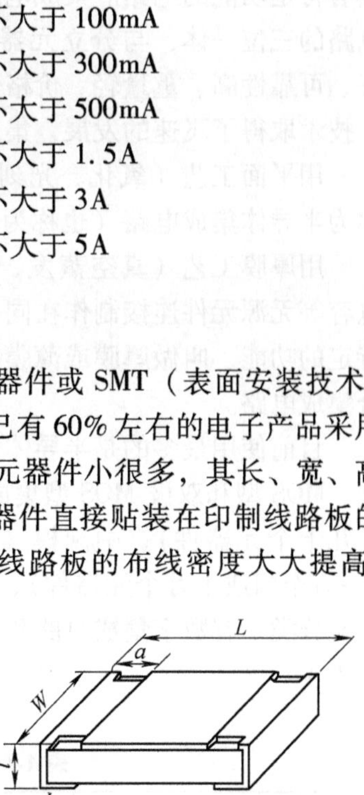

图 4-11　SMT 元件的外形

SMT 元器件在安装时采用贴片机的真空吸

嘴拾取并贴放到电路板上，它焊接通常采用再流焊机进行，详见后文的“再流焊工艺流程”。

表 4-6 SMT 元器件外形尺寸

类　型	元件外形尺寸/mm		
	长	宽	高
0201	0.60	0.30	0.30
0402	1.00	0.50	0.30
0603	1.60	0.80	0.35
0805	2.00	1.25	0.50
1206	3.80	1.80	0.50

九、集成电路

集成电路是利用半导体工艺或薄膜、厚膜工艺，将电阻、电容、二极管、晶体管、场效应晶体管等元器件按照设计要求连接起来，制作在同一硅片上，成为具有特定功能的电路。集成电路打破了电路的传统概念，实现了材料、元器件、电路的三位一体，与分立元器件组成的电路相比，具有体积小、功耗低、性能好、可靠性高、重量轻、价格低等优点。自 20 世纪 60 年代以来，集成电路的生产技术取得了飞速的发展，集成电路得到了极其广泛的应用。

用平面工艺（氧化、光刻、扩散、外延工艺）在半导体晶片上制成的电路称为半导体集成电路（也称为单片集成电路）。

用厚膜工艺（真空蒸发、溅射）或薄膜工艺（丝网印刷、烧结）将电阻、电容等无源元件连接制作在同一片绝缘衬底上，再焊接上晶体管管芯，使其具有特定的功能，叫做厚膜或薄膜集成电路。如果再焊接上单片集成电路，则称为混合集成电路。

目前使用最多的是半导体集成电路。半导体集成电路按有源器件分类为双极型、MOS 型和双极-MOS 型集成电路；按集成度分类，有小规模（集成了几个门或几十个元器件）、中规模（集成了一百个门或几百个元器件以上）、大规模（一万个门或十万个元器件）、超大规模（十万个元器件以上）集成电路；按照功能分类，有数字集成电路和模拟集成电路两大类。半导体集成电路的主要分类见表 4-7。

表 4-7 半导体集成电路的主要分类

数字集成电路	门电路(与、或、非、与非、或非、与或非门等)
	功能部件(半加器、全加器、译码器、计数器等)
	触发器(R-S、D、J-K 触发器等)

（续）

数字集成电路	存储器	随机存储器
		只读存储器
		移位寄存器等
	微处理器(CPU)	
	可编程器件	PROM,EPROM,E^2PROM
		PAL
		PLA
		GAL,FPGA,EPLD
		Hardwire LCA
		其他
	其他	
模拟集成电路	线性集成电路	直流运算放大器
		音频放大器
		高频放大器
		宽带放大器
		其他
	非线性集成电路	电压调整器
		比较器
		读出放大器
		模/数(数/模)转换器
		模拟乘法器
		可控硅触发器
		其他

第二节　常用电子测量仪器

在电子实习过程中，测量和定量分析电路的静态和动态的工作状况时，通常使用的电子仪器有：示波器、低频信号发生器、直流稳压电源、晶体管毫伏表、数字式（或指针式）万用表等，各电子仪器之间关系如图 4-12 所示。

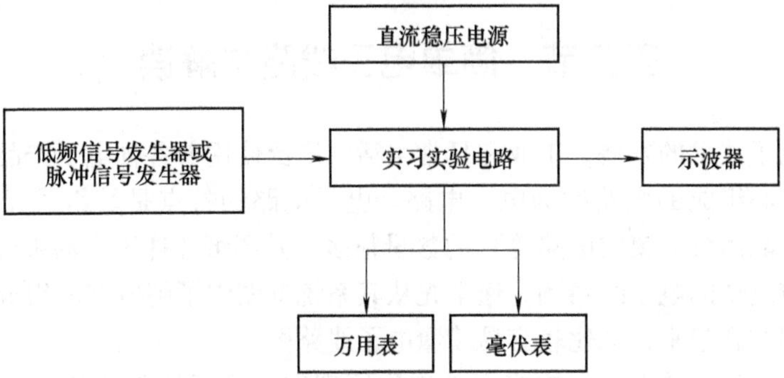

图 4-12　常用电子仪器之间的关系

一、常用电子仪器的功能

1. 直流稳压电源

直流稳压电源为实习电路提供电源，它把交流市电电源转换成实习电路所需直流电源。

2. 低频信号发生器（或脉冲信号发生器）

低频信号发生器为实习电路提供各种频率和幅度的输入信号，模拟实习电路实际工作情况。

3. 示波器

示波器用来观察电路中各点的波形，以监视电路是否工作正常。它能把人们无法直接看到的电信号的变化规律转换成直接观察的波形。它可以用来测量各种电信号的电压、电流、周期、频率、相位、失真度等参量，以及观察电路的特性曲线等。

4. 晶体管毫伏表

晶体管毫伏表用于测量电路的输入、输出信号的有效值。

5. 数字式（或指针式）万用表

万用表用于测量电路的静态工作点和交直流信号的值。

二、常用电子仪器的使用

在电子实习过程中，应特别注意各电子仪器的“共地”问题，即各台仪器和被测电路的地端都必须连在一起，否则可能引入外界干扰，导致测量误差增大。

正确使用开关、旋钮是保证仪器正常工作和测试结果准确的关键。使用每一台电子仪器都必须了解其开关、旋钮的作用及正确使用方法。要注意旋钮方向和位置，不要用力过猛以免损坏。

第三节　简单电子线路与解读

随着电子技术的发展，工业和日常生活中广泛使用着各种电子产品。以电子元器件为核心组成的电路称为电子电路。电子电路的特点是其组成元件（如电阻、电容、晶体管、集成电路等）的数量很多，其图纸往往不容易被看懂。

解读较复杂的电子线路图，通常先从其系统框图中了解电路的组成概况，再与其电路图结合起来，就比较容易读懂电子线路图。

电子产品的电路图是用来表示其工作原理和电子元器件连接关系的，应做到：

1）图上标注有电子元器件的型号、参数、对地电压值等。

2）集成电路常以实线方框表示并标注引脚号或用图形符号注释。

3）集成门电路、触发器是以其逻辑图符号画出的。

电子电路图的解读应注意“五个结合”，即：

1）结合电子基础知识识图。

2）结合电子元器件的工作原理识图。

3）结合典型电路识图。

4）结合电路图的绘制特点识图。

5）结合其他专业技术识图。

下面以一些简单电子产品的电路图为例，讲解如何识读电子电路图。

1. 晶体管多谐振荡器控 LED 闪光灯

晶体管多谐振荡器控 LED 闪光灯电路的电路图如图 4-13 所示。

其工作原理如下：

当 10kΩ 电位器在高点时，VT_1 始终导通，LED 灯常亮不闪动；当 10kΩ 电位器在低点时，VT_1 始终截止，LED 灯无法点亮。

当 10kΩ 电位器由低点向高点滑动时，使 VT_1 的 U_{b1} 电位上升至一定值后，VT_1 由截止变导通，使 $I_{c1}\uparrow \rightarrow U_{c1}\downarrow \rightarrow U_{b2}\downarrow$，使 VT_2 由截止变导通，使 $I_{c2}\uparrow \rightarrow$LED 点亮，另外 33μF 电解电容被充电。

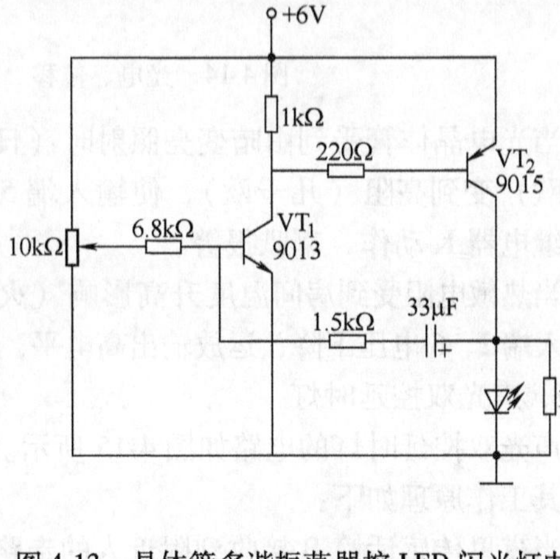

图 4-13　晶体管多谐振荡器控 LED 闪光灯电路

当电解电容充电一段时间后，使 $U_{b1}\downarrow \rightarrow VT_1$ 由导通变截止$\rightarrow U_{c1}\uparrow \rightarrow U_{b2}\uparrow \rightarrow VT_2$ 由导通变截止→LED 熄灭，经过一段时间电容的慢慢放电$\rightarrow U_{b1}\uparrow \rightarrow$进入下一循环，使得 LED 发光管不停地闪动。

2. 光电、位移、火灾报警器

光电、位移、火灾报警器电路图如图 4-14 所示。

其工作原理如下：

它采用三个传感器作为光电、防盗、火灾感应器件，其中干簧管作位移防撬窃传感器，光电晶体管作光电传感器，热敏电阻作火灾（温度）传感器。

它采用 LM358 二单元运放作为电压比较器，二单元运放输入端是一个平衡的电阻桥路，正常情况下运放输出端 1、7 脚输出低电平，晶体管 VT（9013）截止，继电器 K 不动作，喇叭不报警。

当发生撬窃时，干簧管与磁条（门窗上）有一定位移，使电路常开触点（NO）打开，使输入端3电压增大，1脚输出高电平，VT导通，继电器K动作，喇叭报警。

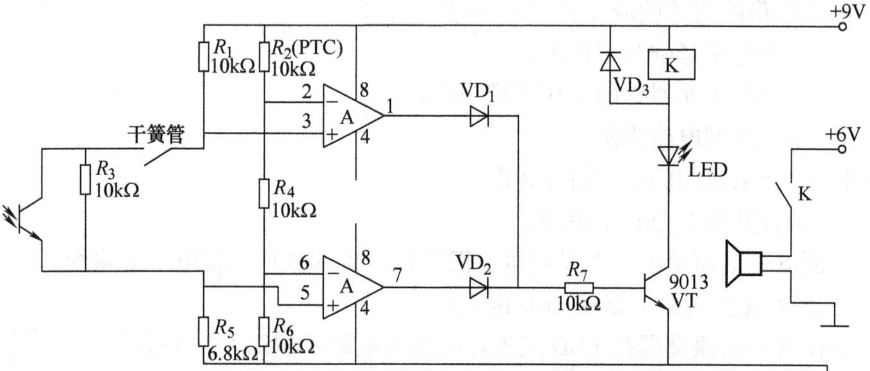

图4-14 光电、位移、火灾报警器电路

当光电晶体管受到由暗变亮照射时（日光或红外光线），其阻值由暗阻（几十千欧）变到亮阻（几千欧），使输入端5电压增大，7脚输出高电平，VT导通，继电器K动作，喇叭报警。

当热敏电阻受到房间温度升高影响（火灾），其阻值由10kΩ变为几十千欧，使输入端2、6电压下降，运放输出高电平，VT导通，继电器K动作，喇叭报警。

3. 声光双控延时灯

声光双控延时灯的电路如图4-15所示。

其工作原理如下：

当夜里传感话筒B接收到附近人的走路脚步声时，晶体管VT将音频信号放大后输出至门电路A，其正脉冲电压（$1/2V_{DD}$）经门电路A、门电路B整形后，使门电路B输出高电平。该高电平一面通过VD向C_2充电，一面通过门电路C整形后控制门电路D输出高电平，使VS导通，灯H通电开始发光。

声响过后，C_2通过R_5缓慢放电，可维持门电路D继续输出高电平，它使H持续点亮约1min。随后，C_2两端电压下降至$1/2V_{DD}$以下，控制电路恢复至守候状态，H自动熄灭。如果是在白天，由于光敏电阻*RL*受光照呈显低阻值，与RL相接的门电路A输入端为低电平，门电路A被锁牢，声音信号无法加到后面的电路，故VS始终关断，灯H不亮。

本电路中使用的CD4011型门电路是二输入端四与非门数字集成电路，它是双列直插塑料封装，共有14个引出端。

4. 电蚊拍

电蚊拍的电路如图4-16所示。

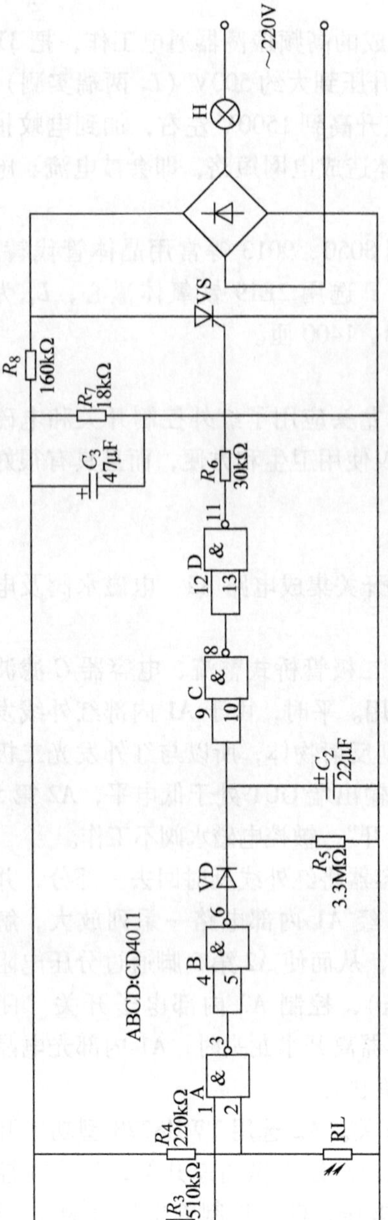

图4-15 声光双控延时灯电路

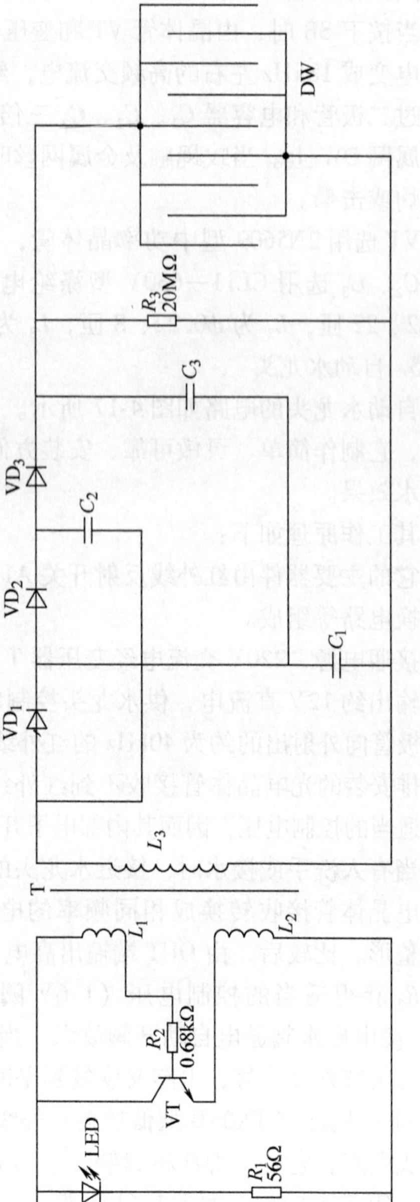

图4-16 电蚊拍内部电路

其工作原理如下:

当按下 SB 时，由晶体管 VT 和变压器 T 组成的高频振荡器通电工作，把 3V 直流电变成 18kHz 左右的高频交流电，经过 T 升压到大约 500V（L_3 两端实测），再经过二极管和电容器 C_1、C_2、C_3 三倍压整流升高到 1500V 左右，加到电蚊拍的金属网 DW 上。当蚊蝇触及金属网丝时，虫体造成电网短路，即会被电流、电弧杀灼或击晕。

VT 选用 2N5609 型中功率晶体管，也可用 8050、9013 等常用晶体管代替。C_1、C_2、C_3 选用 CL11—630V 型涤纶电容器。T 选用 2E19 铁氧体磁心，L_1 为 ϕ0.22、22 匝，L_2 为 ϕ0.22、8 匝，L_3 为 ϕ0.08、1400 匝。

5. 自动水龙头

自动水龙头的电路如图 4-17 所示。自动水龙头应用了红外控制开关和电磁水阀，它制作简单、灵敏可靠、安装方便，不仅使用卫生和方便，而且具有很好的节水效果。

其工作原理如下:

它的主要器件由红外线反射开关 A1、功率开关集成电路 A2、电磁水阀及电源转换电路等组成。

接通电源，220V 交流电经变压器 T 降压、二极管桥式整流、电容器 C 滤波后，输出约 12V 直流电，供水龙头控制电路使用。平时，由于 A1 内部红外线发光二极管向外射出的约为 40kHz 的红外线遇不到反射物体，所以与红外发光二极管并排安装的光电晶体管接收不到红外线，A1 输出端 OUT 处于低电平，A2 第 5 脚无适当的控制电压，因而其内部电子开关“断开”，被控电磁水阀不工作。

当有人洗手或接水时，接近水龙头的手或容器将红外线反射回去一部分，并被光电晶体管接收转换成相同频率的电信号，经 A1 内部电路一系列放大、解调、整形、比较后，由 OUT 端输出高电平信号，从而使 A2 第 5 脚通过分压电阻 R_1、R_2 获得适当的控制电压（1.6V 阈值电压），控制 A2 内部电子开关“闭合”，使电磁水阀通电自动开阀放水。当手或容器离开水龙头时，A1 内部光电晶体管失去红外线信号，电路又恢复到平时的待机状态。

A1 选用国产 TX05D 型低功耗红外线反射开关。A2 选用 TWH8778 型功率开关集成电路，它是五脚塑料封装，它可在 28V、1A 以下做高速开关，只需在控制端（第 5 脚）加上大于 1.6V（最大值 6V）电压，就能控制输出端（第 2、3 脚）所接负载的通断。

6. 晶体管稳压电源

晶体管稳压电源电路如图 4-18 所示。

其工作原理如下:

它由变压器、4 个二极管、电解电容、稳压管、电位器等组成。

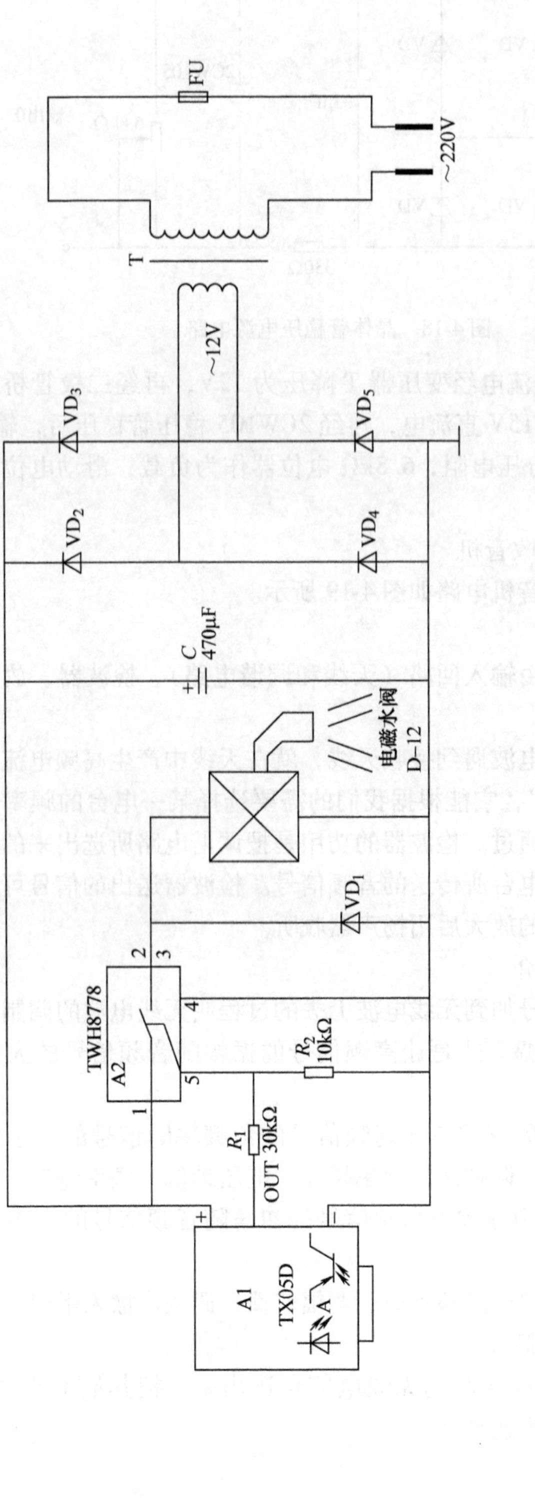

图4-17　自动水龙头电路

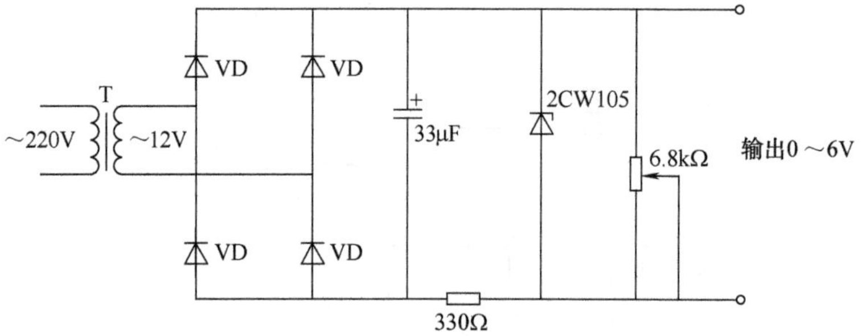

图 4-18 晶体管稳压电源电路

接通电源，220V 交流电经变压器 T 降压为 12V，再经二极管桥式整流、电容器 *C* 滤波后，输出约 15V 直流电，再经 2CW105 稳压管稳压后，输出 6V 直流电，图中 330Ω 电阻为分压电阻，6.8kΩ 电位器作为负载，滑动电位器可以实现输出电压 0 ~ 6V 可调。

7. 晶体管调频调幅收音机

晶体管调频调幅收音机电路如图 4-19 所示。

其工作原理如下：

最简单的收音机是由输入回路（天线和调谐电路）、检波器、放大器、扬声器（或耳机）等组成。

当电台发出的无线电波遇到接收天线，就在天线中产生高频电流。调谐电路实质上是一个“选择器”，它能根据我们的需要选择某一电台的频率，让这一频率的高频电流能顺利地通过。检波器的功用是把调谐电路所选出来的高频电流做适当的处理，从中取出电台所传送的音频信号。检波器送出的信号可以直接用耳机收听，或经过放大器的放大后用扬声器收听。

8. 无线电波调制简介

发射电台将音频信号加到无线电波上去的过程叫无线电波的调制。

（1）调幅方式　调幅方式是让高频信号的振幅随音频信号的大小作正比例变化。

（2）调频方式　调频方式是让高频信号的角频率随信号的大小作正比例变化。音频信号电压越高，调频波的频率越高，电压越低，频率越低。

（3）调相方式　调相方式中高频信号的初角随音频信号的大小作正比例变化。

一般普通中波和短波广播都是应用调幅广播，调频广播采用超短波频段。

9. 无线电广播接收简介

（1）选台　是将需要接收的无线电信号选出来，把其他不要的信号滤除，以免产生干扰，该过程为选频（即选台）。

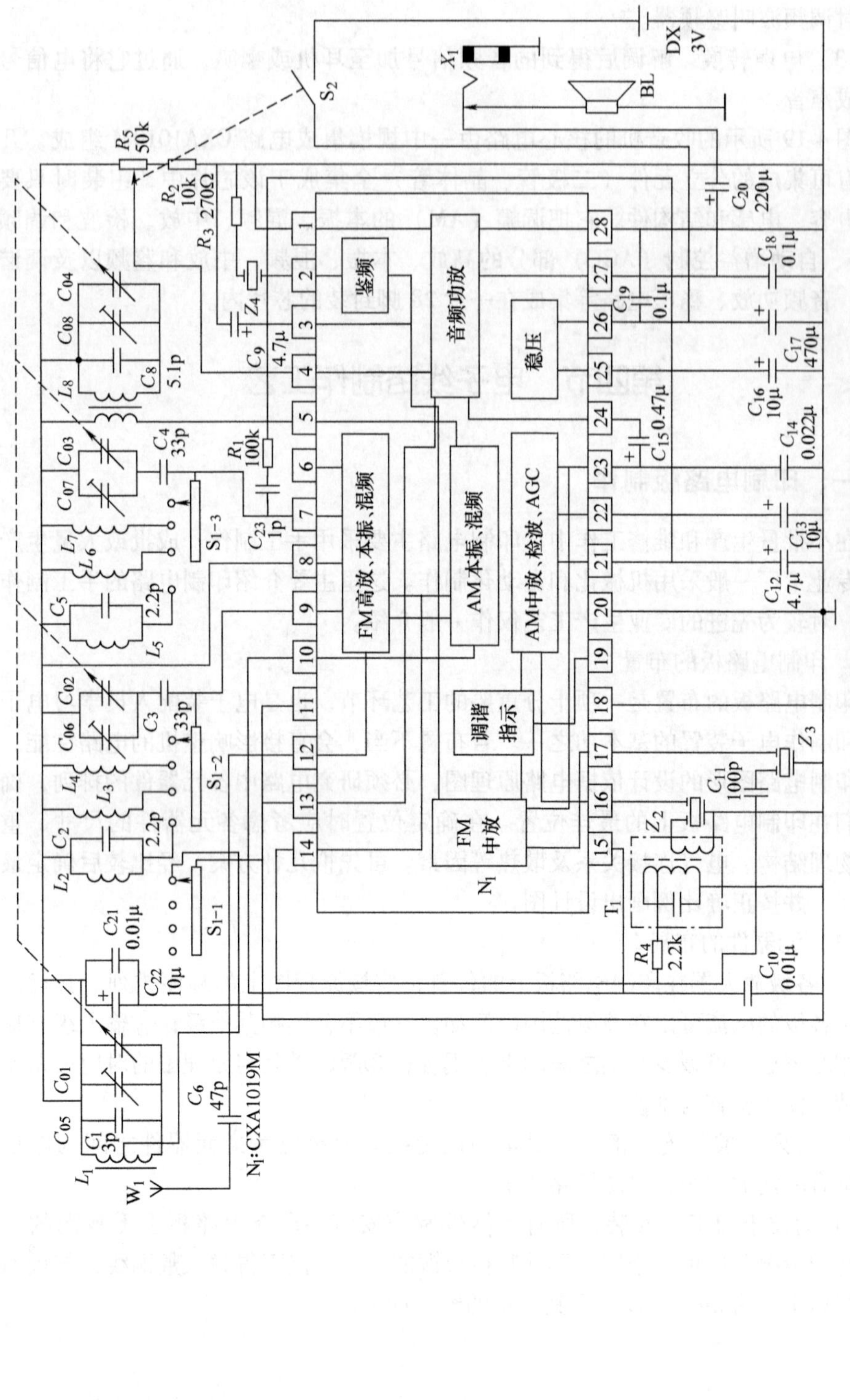

图4-19　晶体管调频调幅收音机电路

注：图中电阻的单位Ω，电容的单位F 被隐含略去

（2）解调　解调是将音频信号从运载它的载频信号上卸下来，通常把从高频调频调幅波中取出音频信号的过程叫解调，相应的解调装置对调幅波叫检波器、对调频波叫鉴频器。

（3）电声转换　解调后得到的音频信号加至耳机或喇叭，通过它将电信号转换成声音。

图4-19所示的收音机的核心电路由一中规模集成电路CXA1019M组成，几乎所有可集成的分立元件（二极管、晶体管）全集成于该芯片中，组装时只要安装电容、电感和结构件。它把调幅（AM）的本振、混频、中放、检波和调频（FM）、自动增益控制（AGC）部分的高放、本振、混频、中放和鉴频以及调谐指示、音频功放、稳压电路等集成在一片28脚封装的芯片内。

第四节　电子线路制作工艺

一、印刷电路板制作

在小批量生产和维修工作中，印制电路主要采用手工制作；成批或大量生产时，专业工厂一般采用机械化和自动化制作。这里主要介绍印制电路的手工制作工艺，对较为先进的专业生产工艺仅作一般介绍。

1. 印制电路板的布置

印制电路板的布置是一项十分重要的工艺环节，也是电子装配人员学习电子技术和制作电子装置的基本功之一。若布置不当，会直接影响整机的电路性能。

印制电路图形的设计依据电路原理图，必须研究电路中各元器件的排列，确定它们在印制电路板上的最佳位置。在确定位置时应考虑各元器件的尺寸、重量、物理结构、电气连接关系及散热等因素。可先拟几种方案，经比较后确定最佳方案，并按正确比例画出设计图。

（1）元器件的布局

1）各级放大器在印制电路板上的位置，应按原理图上的顺序排列。其优点是：①各级的电流可以在该级范围内流动，一般不会影响其他级；②输入级与输出级相距较远，可减少它们之间的寄生耦合；③版面排列与原理图的对应关系比较清楚，便于检查与维修。

2）排列力求紧凑、密集，尽量缩短走线。但也应考虑元器件之间的电位差，留有一定的间距，以防短路或击穿。

3）为便于加工和安装，所有元器件都应安装在印制电路板上无敷铜的一面，特殊情况下也可把个别元器件装在敷铜的一面，但不得碰上敷铜线，与板面间的距离至少为2mm，以保证其一定的绝缘性能。

4）发热元件应安排在有利于散热的位置，必要时可加散热器，以改善工作条件，并减少对邻近元器件的影响。

5）在不影响电性能的前提下，元器件应平行或垂直排列，力求整齐美观。

（2）布线

1）铜线应尽量短而直，不应相互交叉。为此，有些铜线必须绕着走，或采用跨接一段导线的方法解决。

2）在低频电路中，一般是将地线从输入端一直延伸到输出端，通常不绕圈。各级接地元件就近接地。属于某一级的外接元件和屏蔽线若需要接地，应该接在该级附近的地线上。电源部分的引入地线，应接在放大器的输出级附近。

3）功率放大器常处于大电流工作状态，应以满足最大电流工作状态的要求来设计铜线宽度，以减少电压降，避免发热。一般情况下线宽应小于1.5mm。

4）铜线之间的距离一般应不小于1mm。

5）为了增加焊接或钻孔时铜箔与基极的粘接强度，应将铜线的焊接点加宽成圆环形，其外圆的最小直径取铜线宽度的1.5倍较为适宜。

印制电路板的布置是一项实践性很强的工作，以上原则在不同情况下有其不同的侧重点，应根据具体电路的特点和机械结构要求灵活运用。

2. 印制电路板的制作

制作印制电路板的基本步骤是：先在敷铜板上用胶布纸根据印制电路图粘贴电路，然后放入腐蚀液中进行铜箔腐蚀，撕去胶布纸，即制成了印制电路板。其制作方法简述如下：

（1）选择敷铜板、清洁表面　敷铜板有3420酚醛纸基敷铜板、3440环氧酚醛玻璃布敷铜板（双面板）和3441环氧酚醛玻璃布敷铜板（单面板）等，其厚度有0.2mm、0.5mm、0.7mm、0.8mm、1.5mm、1.6mm、2.4mm、3.2mm、6.4mm等多种。

根据电路要求，选择合适的敷铜板，并按图落料，然后清洗敷铜板。其方法是先用水磨砂纸将铜板边缘打磨光滑，再用去污粉把板面擦亮，用干布擦净。

（2）粘贴胶布纸　按印制电路图在敷铜板上粘贴胶布纸。

（3）配制腐蚀溶液、腐蚀电路板　腐蚀溶液一般以一份三氯化铁和两份水的重量比配制，可采用玻璃、陶瓷或塑料平盘形容器盛装。为了加快腐蚀速度，可将溶液加温（但不宜超过50℃），也可用竹镊子夹住电路板轻轻晃动。腐蚀完毕，用清水冲洗电路板，撕去胶布纸，图4-20所示的印制电路就显示出来了。

（4）钻孔、涂焊剂　选用1mm的钻头在焊点位置上钻孔（铜箔面向上），再用细砂纸将印制电路轻轻擦亮，用干布擦净，涂上防腐助焊剂，印制电路板即制成了。

3. 印制电路板的焊前处理

印制电路板制成后，虽经过涂助焊剂处理，但由于保管不妥等因素，可能还会产生氧化膜或被污染。对此，一般不必将印制电路板报废，只需加工处理仍可使用。

去除氧化膜的方法很多，一般是将印制电路板浸泡在苯胺氯化氢溶液或酸性溶液中数秒钟，取出后用清水冲洗并烘干。烘干后的印制电路板应立即使用，否则会再度生成氧化膜。

溶液配方举例（溶液百分率）：硫酸 20%，硝酸 10%，盐酸 5% 及水 65%。

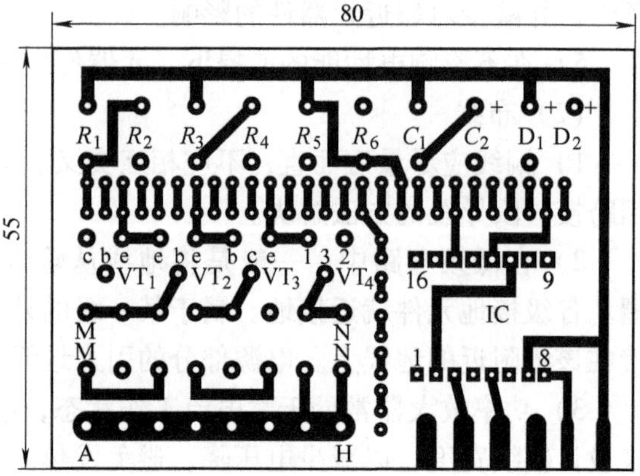

图 4-20 印制电路板

4. 印制电路板的焊接特点

印制电路板上印制导线与绝缘基板是用粘合剂合在一起的，它们的热膨胀系数不同，因此耐高温性能较差。如果焊接温度过高或焊接时间过长，就容易产生印制电路基板起泡、铜箔起翘，甚至脱落，故焊接时必须严格遵守操作规程，确保印制电路板的焊接质量。

5. 印制电路的专业生产工艺

在成批或大量生产时，专业工厂采用光敏抗蚀剂法和丝网漏印法制作印制电路。

光敏抗蚀法是用复印照相机使照相负片上的图形在铜箔一面涂有感光膜的印制板上感光，通过化学或电化学方法有选择地把未保护的铜箔腐蚀除去，从而在印制板上形成精确的铜箔图形。其工艺如下：

涂光敏抗蚀剂→曝光→显影及冲洗→化学刻蚀

丝网漏印法是把所需电路图形制成镂花模板，装于细眼的丝网上（尼龙丝网或金属丝网）。丝网装于像普通油印机的丝网漏印机上代替油印蜡纸，用橡皮刮板将丝网印刷抗蚀油墨刮过模板，通过镂空的电路线条将抗蚀油墨印下电路图形放在模板的印制板上，再经化学腐蚀制成印制电路板。

6. 软件工具

将一个设计好的电路原理图加以实现，最终制成产品通常需要进行印制电路板的设计。人工设计印制电路板是一件较困难、繁杂和费时的工作，尤其对那些线路复杂、布线密度大的印制电路板的设计，更是要耗费相当大的人力。为了解决印制电路板设计中的这些问题，人们相继研制和开发了一些有关印制电路板设计和绘制的计算机辅助设计软件。这些软件既可以设计电路原理图，也可以根据电路原理图设计印制电路板。这些软件可大大减轻设计工作量，并且可以提高电路设计的质量。所以，它们一出现就受到了广泛的欢迎，并被迅速采用。

印制电路板辅助设计软件有多种，目前市场上常用的软件主要有 Protel、Or-

CAD、PADS、Workbench 等多种，其中以 Protel 应用最为广泛。

Protel 印制电路板 CAD 软件是由澳大利亚 PROTEL TECHNOLOGY 公司研制开发的。它具有自动连线、自动布局、自动布线、半自动交互连线、人工布线等软件功能，并且操作十分方便。在绘图时，只需操作相关功能键或鼠标，就能方便地实现由该软件提供的绘图功能和其他各项有关功能。Protel 为用户提供了极其丰富的原理图元件库，印制电路图（PCB）元件库及出色的库编辑和库管理。

以下是该软件使用时的一些主要步骤：

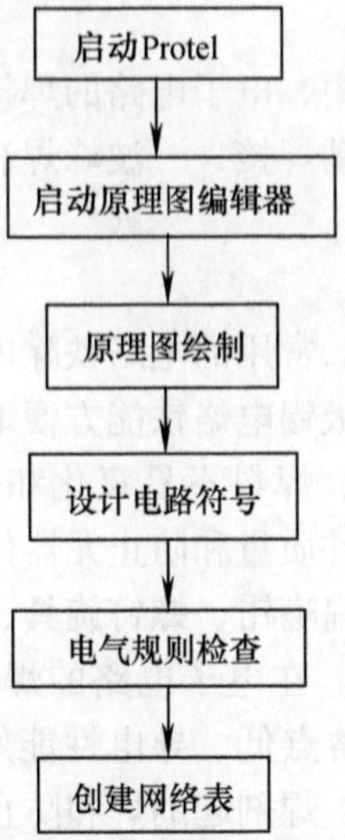

网络表是由电路原理图自动生成印制电路图的桥梁和纽带。

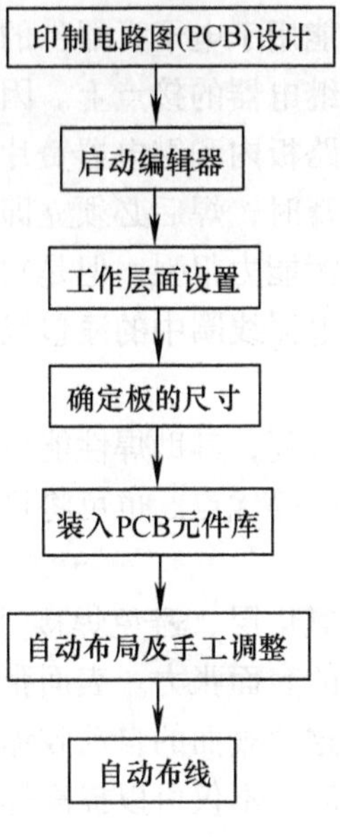

一块设计精良的印制电路板，需要经过反复的修改、调整、布线，必要时可采用手工布线进行修改。

二、器件焊接工艺

在电子产品及自动控制系统的制造和修理过程中，锡焊与印制电路工艺是必不可少的基本工艺，更对产品及维修的可靠性有着较大的影响。为此，必须加强锡焊与印制电路工艺的训练，既要掌握其操作技能，又要保证其工作质量与效率。

在小批量生产的维修工作中，电子电路的焊接主要采用手工焊接；成批或大量生产时，专业工厂多采用自动焊接——波峰焊和浸焊。这里主要介绍电子电路的手工焊接工艺。

（一）焊接工具和材料

焊接的主要工具是电烙铁。常用的电烙铁除内热式或外热式外，近年来出现了吸锡电烙铁和恒温电烙铁。吸锡电烙铁能方便地吸去焊点上的锡，而不易损坏元器件。恒温电烙铁具有省电、焊料不易氧化和烙铁不易“烧死”等优点，从而可减少虚焊与假焊，保证焊件质量和防止元器件的损坏。

焊接的工具还有尖嘴钳、扁嘴钳、螺钉旋具、镊子和刮线刀等。

焊接的材料有焊料和焊剂。在电子电路的焊接工艺中，一般使用铅锡合金（俗称焊锡）作焊料，它具有熔点低、导电性能好、抗腐蚀性好、有一定强度、氧化物易去除及成本低等优点。焊剂起助焊和防止表面氧化作用。焊剂的品种较多，主要有强水（又叫王水）、焊膏（又叫焊糊）、松香等。

强水用于铁件焊接，绝不能用于电子元器件的焊接，因为它的腐蚀性太强。

焊膏不能用在电路板上和继电器的接点上。因为焊膏是导电的，且具有极强的渗透性，它会长期潜伏在电路板内和继电器簧片支架内部。焊接后，即使擦掉或烘烤也会造成漏电。若用焊膏时，焊后必须立即清洁干净，否则会使自控系统不稳定甚至失控。虽然焊膏去污能力很强，但是它的残余物留在周围时，将起有害的腐蚀作用。例如，灵敏继电器线圈中的漆包线采用0.07mm细线时，焊膏能把它腐蚀断。

松香是电子工业中较好的焊剂，其助焊性能虽比上述焊剂差，但具有绝缘性能好、腐蚀性能极弱、附着力强等优点。也可将松香研磨成粉末状后，泡入酒精成为松香焊糊使用。

总之，焊剂的功用是去除氧化层、避免焊接过程中由于高温作用出现氧化、隔绝与空气的接触、减少焊锡的表面张力。表面张力会产生向心会聚的作用，因而使液化了的焊锡形成球状，这种表面的自动收缩现象妨碍着焊锡扩散粘附到被焊体上。焊剂溶铺在焊锡表面后，不仅可以提高焊锡表面的温度而使表面张力减小。而且使焊锡表面产生毛细管现象，促使其迅速扩散粘附到更宽的面积上。焊剂还能使焊锡表面产生晶莹的光泽。

（二）焊接技术要求及工艺

1. 焊接技术要求

（1）焊点应接触良好　必须使焊料与被焊件的表面形成合金层，防止虚焊和假焊，以保证焊点接触良好。假焊使电路不通，虚焊使接触电阻增大，电路工作不稳定，且给检修工作带来很大困难。

（2）焊点应具有一定的强度　一般要求被焊体的表面形成合金层的面积足够大，以增加焊点的机械强度。

（3）焊点表面应清洁、美观、有光泽　焊点表面应呈现光滑状态，不应出现棱角或带尖等现象。

2. 焊接的步骤

（1）焊接前　准备好焊接用的工具和材料，电烙铁加热后，去除烙铁上的氧化物残渣，把少量的焊料和焊剂加到清洁的烙铁头上，然后左手拿焊锡丝，右手握电烙铁，随时保持可焊接状态。

（2）焊接时　在被焊件的两侧，同时分别放上电烙铁和焊锡丝，以熔化适量的焊料（对热容量大的被焊件应先用烙铁头加热，然后再加焊锡丝），且不能把焊锡丝放在烙铁头上面进行熔化，以防焊剂分解过快，助焊作用减弱，致使焊点质量低劣。

（3）焊锡扩散至一定范围后　迅速移开电烙铁和焊锡丝，移开焊锡丝的时间不得迟于移开电烙铁的时间，且移开电烙铁的方向和速度与焊接质量有直接关系，操作时必须特别注意。

（4）焊接结束后　首先检查电路有无漏焊、错焊、虚焊和假焊。检查时，可用镊子对每个元件拉一拉，看其有无松动。若发现问题，则应重焊。检查合格后，应用无水酒精将焊剂清洗干净。

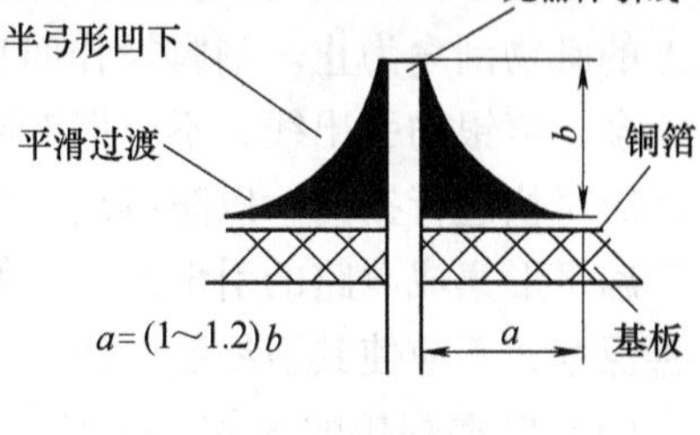

图 4-21　正确的焊接结果

正确的直焊法结果如图 4-21 所示，线头露出一点，以便检查焊接质量好坏。如果焊接如图 4-22 所示，那是绝不允许的，因为这会造成焊接不上或焊接不牢而又很难被发现。焊点边缘形状也能发现问题，如图 4-23 所示，焊料过少是最坏的现象。此现象是由于被焊件与铜片表面没有产生“合金层”，所以出现收缩现象，这是一种虚焊。焊料过多也不好，此现象说明焊锡没有在电路板上扩散开，没有足够的附着力，受机械振动能力差，容易脱焊。

3. 焊接工艺要点

（1）焊接时的姿势和握法　一般应坐着焊接，桌椅的高度要调整适当。电烙铁的握法有“笔握式”和“拳握式”两种。如图 4-24 所示。前者适用于直型电烙铁头焊接小型电子设备和印制电路板，后者适用于弯头电烙铁焊接大型电子设备。

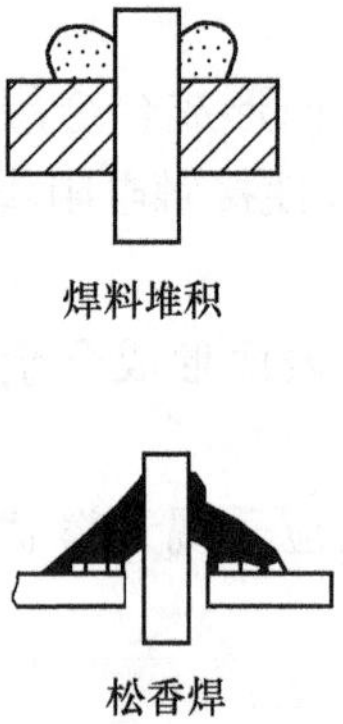

图 4-22　不允许的焊接结果

图 4-23　存在问题的焊接结果

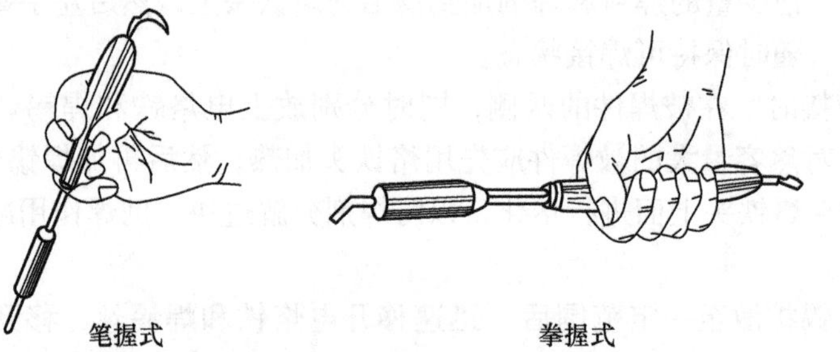

图 4-24　焊接时电烙铁的握法

（2）元器件引线的焊前清洁和搪锡　焊接前，首先应将引线进行“刮脚”处理，即用小刀刮去引线上的油污、氧化物和绝缘漆，直到露出金属表面并将引线上的脏物刮净为止。刮脚操作时应避免折断引线，根部应留 3mm 以上，但有些镀金、镀银的引出线，不应把镀层刮掉，可用粗橡皮擦去脏物。引线清洁处理后，应尽快进行搪锡，以防再次氧化。

扁平形集成电路的引出线，一般焊前不作清洁处理，但要求元器件在使用前妥善保存，不应使其引线受尘污。

（3）掌握焊接的火候——温度和时间　焊接温度过低，焊锡流动性差，很容易凝固；焊接温度过高，焊锡流淌过快，焊点就不易存锡。焊接时，烙铁头的温度应高于焊锡的熔点，一般应在 3 ~5s 内使焊点达到所要求的温度，然后迅速移开电烙铁，就会形成光亮、圆滑的焊点。若焊接时间太短，则焊点不亮或呈“豆腐渣”状，甚至会形成虚焊。

（4）焊接的方法　焊接时不能将烙铁在焊点上来回磨动，应将烙铁头的搪锡面紧贴焊点，待焊锡全部熔化后，迅速将烙铁头从斜上方45°方向移开。这时焊锡不会立即凝固，被焊物必须扶稳、扶牢，不能晃动，应保持焊点自然冷却凝固，否则易形成虚焊。电烙铁移开时，若使焊点带出夹角，这是因焊接时间过长、焊剂氧化所引起的，必须重新进行焊接。

4. 电子工业生产中的焊接简介

（1）浸焊与波峰焊　在工业化生产中，采用自动焊接机对印刷电路板进行自动流水焊接。按照焊锡槽的种类，可以分为浸焊与波峰焊，如图4-25所示。

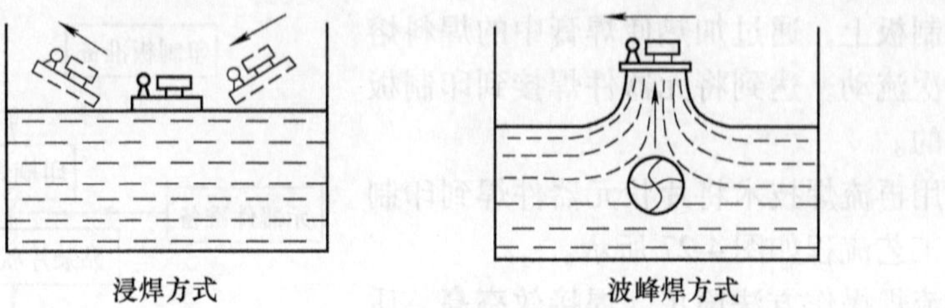

图4-25　浸焊与波峰焊示意图

浸焊要求先将印制板安装在具有震动头的专用设备上，然后再浸入焊料中。此法在焊接双面印制电路板时，能使焊料浸润到焊点的金属化孔中，使焊接更加牢固，并可震动掉多余的焊料。使用锡锅浸焊，要及时清理掉锡锅内熔融焊料表面形成的氧化膜、杂质和焊渣，这样才能保证焊接质量。

波峰焊是近年来发展较快的一种方法，其原理是：让电路板焊接表面与熔化焊料的波峰接触，形成连接焊点。这种方法最适宜成批、大量地焊接一面装有分立元器件和集成电路的印制电路板。凡与焊接质量有关的重要因素，如焊料与助焊剂的化学成分、焊接温度、速度、时间等，在波峰焊时均能得到比较完善的控制。

将已完成插件工序的印制板放在均匀运动的导轨上，导轨下面装有机械泵和喷口的熔锡缸。机械泵根据焊接要求，连续不断地泵出平稳的液态锡波，焊锡以波峰形式溢出至焊接板面进行焊接。为了获得良好的焊接质量，焊接前应做好充分的准备工作，如预镀焊锡、涂敷助焊剂、预热等。焊接后的冷却、清洗这些操作也都要做好。

自动焊接的工艺流程如图4-26所示。

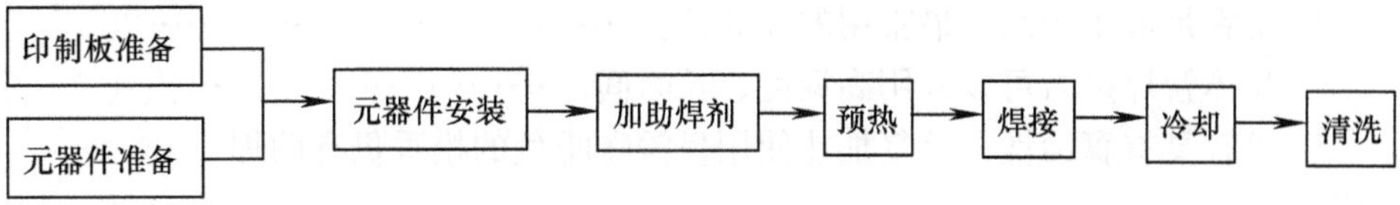

图4-26　自动焊接工艺流程

波峰焊机的焊料液在锡锅内始终处于流动状态，使工作区域内的焊料表面无氧化层。由于印制板和波峰之间相对运动状态，所以助焊剂容易挥发，焊点内不会出现气泡。波峰焊机适用于大批量生产需要。但由于多种原因，波峰焊容易造成焊点短路等问题，补焊的工作量较大。

（2）再流焊　再流焊也叫做回流焊，是伴随微型化电子产品的出现而发展起来的一种新的锡焊技术，目前主要应用于表面片状元器件的焊接。

这种焊接技术的焊料是焊锡膏，焊锡膏是将焊料加工成一定粒度的粉末，加入适当液态粘合剂和助焊剂，使之成为有一定流动性的糊状焊膏，用它将元器件粘在印制板上，通过加热使焊膏中的焊料熔化而再次流动，达到将元器件焊接到印制板上的目的。

采用再流焊技术将片状元器件焊到印制板上的工艺流程如图4-27所示。

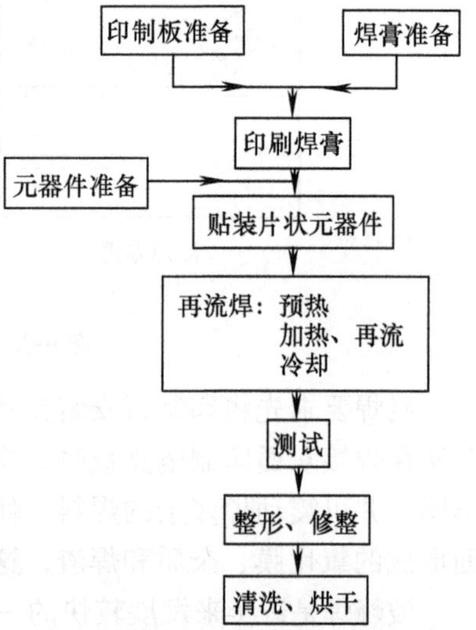

图4-27　再流焊工艺流程

再流焊操作方法简单、焊接效率高、质量好、一致性好，而且仅在元器件的片下有很薄的一层焊料，是一种适合自动化生产的微电子产品装配技术。

5. 其他焊接方法

除了上述几种焊接方法以外，在微电子器件组装中，超声波焊、热超声金丝球焊、机械热脉冲焊都有各自特点，如新近发展起来的激光焊，能在几毫秒的时间内将焊点加热到熔化而实现焊接，热应力影响之小，可以同锡焊相比，是一种很有潜力的焊接方法。

思考与训练题

一、是非题

1. 电子产品装配焊接中的焊料主要采用铅铜焊料。…………………（　）
2. 助焊剂的主要作用是除去氧化膜、防氧化、减小表面张力。……（　）
3. 松香是电子产品中最常用的助焊剂。………………………………（　）
4. 晶体管焊接时可以采用高温度、长时间。…………………………（　）
5. 松香具有腐蚀性，反复加热使用呈深咖啡色的松香仍有助焊作用。……………………………………………………………（　）
6. 焊接温度、焊接时间是最重要的焊接工艺要素。…………………（　）

7. 电子产品焊接时不要用电烙铁头作为运载焊料的工具。…………（　）

8. 双面印制电路板的两面铜箔图形走线是靠孔的金属化来连接导通的。…………（　）

9. 根据电阻色环表精密电阻具有四条色环。…………（　）

10. 二极管的最大正向电流和最高反向工作电压是它的主要参数。…………（　）

11. 硅二极管的正向压降约为0.3V左右，锗二极管的正向压降约为0.7V左右。…………（　）

12. 发光二极管（LED）的正向压降较高，约为2V左右。…………（　）

13. 电解电容没有极性，它通常用于交流电路。…………（　）

14. 电解电容的一个重要作用是滤波或储能。…………（　）

二、问答题

1. 为什么电阻、电容、电位器的常用标称值系列是如3.3、4.7、5.1、6.8再乘以10^n？

2. 电解电容是用于交流电路还是直流电路，它起什么作用？

3. SMT元器件是采用什么工艺焊接？目前最小的元件尺寸是多少？

4. 松香等助焊剂有什么作用？发黑的松香是否可用？

5. 手工焊接的工艺要素有哪些？

6. 印制电路板大多采用什么材料？单面板是否需要“孔的金属化”？

7. 如图4-28所示，测得下列晶体管的各极对地电位，请判断晶体管处于哪种工作状态。

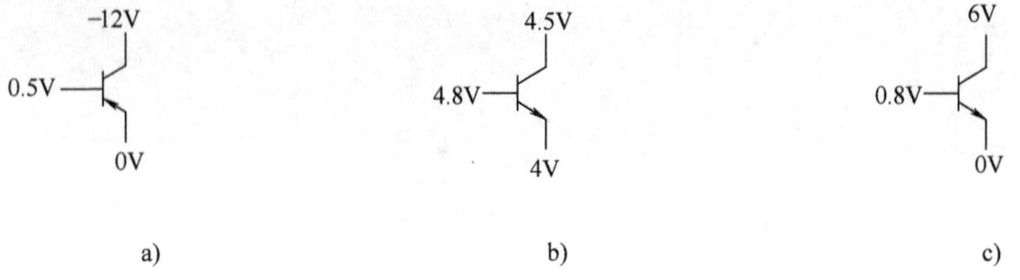

图4-28　问答题7配图

a处于________状态；b处于________状态________；c处于________状态。

8. 在单相桥式整流电路中，如果有一个二极管被短路、断路或被反接将会出现什么现象？

9. 交流电压的有效值体现出一个如何有效的概念？

10. 倍压整流电路为什么能提升电压？

11. 手工焊接对焊点质量的基本要求是什么？

12. 简述二极管、稳压管的基本作用?

13. 数字万用表印制线路板上有近百个细小圆孔，小圆孔并不焊接或固定任何电子元件，细小圆孔为何而设?

14. 如何判别晶体管的类型与 e、b、c 极?

15. 简单电子产品查找故障的方法是什么?

16. 模拟电子电路各组成部分的作用是什么?

第五章　电子产品制作

第一节　数字万用表制作

数字万用表是20世纪60年代问世的，它是集成电路与数字显示技术的结晶。随着时间的推移，在我国目前数字万用表已占据主导地位，占有率约在80%以上。随着电子工业的蓬勃发展，更多功能齐全、准确灵敏、轻便小巧、价格低廉的数字万用表将不断涌现。

一、数字万用表的主要特点

1. 显示清晰、直观，读数准确

它与传统的指针式万用表相比，显示结果一目了然，可大大缩短读数和记录时间，也可避免人为的“视差”。

2. 测量准确度高

准确度的概念是测量值与真值的一致程度，通常用加减百分数来表示。通过一系列功能、价格相近的数字表与指针表的对比，目前数字万用表的准确度优于指针式万用表。

3. 分辨力高

数字万用表在最低电压量程上末位1个字所对应的电压值，称为万用表的分辨力，它表示万用表对微小电量的识别能力，它反映出仪表灵敏度的高低，它在大小上用分辨率来表示，分辨率是指仪表显示的最小数字与最大数字之比，通常用百分数表示。

4. 仪表的输入阻抗很高

数字测量仪表应具有很高的输入阻抗，这样在测量时由被测电路上吸取的电流极小，不会影响被测电路的工作状态，由此可减小测量误差。

5. 具有自动调零和自动极性显示

数字万用表省去了调零的步骤和误判极性的失误，这是与指针表相比的两大优点。

6. 保护电路比较完善

数字万用表内部均有比较完善的保护电路，使用过程中发生短时间的误操作，一般不会损坏IC芯片。当然，应尽量避免误操作，以免外围器件的损坏。

常用的保护装置有以下几种：

（1）过电流保护装置　通常是快速熔丝管或易熔断电阻器。

（2）过电压保护装置　通常是过电压放电保护器或瞬态电压抑制器等。

（3）电阻档保护装置　通常是晶体管保护器和热敏电阻器以及限流电阻。

7. 具有一些辅助指示

通常数字万用表液晶屏还有电池低电压指示、超量程指示、小数点指示、高电压指示、单位符号指示、数据保持指示等功能，这些指示给使用带来了很多方便，这也是指针表所不具备的。

8. 测试功能完善

万用表含义上是多用表的概念，当今的数字万用表已远远超出传统指针表“三用表”的范畴，通常它还可以测二极管的正向压降、测量晶体管的直流放大系数、测量电容量，测量温度，有些数字万用表具有自动转换量程，新型智能数字万用表更加完美，具有最大值、最小值、实时值三重显示、读存取数据、预置设定、数据输出等功能。

以上介绍都是数字万用表的优点，它同时也有一些缺点，主要有工作温度范围不够大（0～40℃），观测连续变化量不及指针表直观，个别高阻档读数不太稳定等。

二、数字万用表的基本构成

1）数字万用表的心脏是单片 A/D 转换器。

2）数字万用表的基本表为直流电压表。

3）外围电路主要包括功能转换器、功能及量程选择开关、LCD（或 LED）显示器。

4）此外还有检测线路通断电路、液晶背光灯线路等。

A/D 转换器典型产品有：ICL7106、ICL7136 型 $3\frac{1}{2}$位单片 A/D 转换器，ICL7135、ICL7129 型 $4\frac{1}{2}$位单片 A/D 转换器。

三、ICL7106 型单片 $3\frac{1}{2}$位 A/D 转换器

1. ICL7106 的主要特点

1）采用单电源供电，电压范围是 7～15V。

2）它能直接驱动 LCD 显示器。

3）只需 5 个电阻、5 个电容和 LCD 显示器，就能构成一块直流电压表。

4）在芯片内部的 V_+ 和 COM 端之间，有一个稳定性好的基准电压源，典型

值是 2.8V。

5）芯片的 A/D 转换准确度达 ±(0.05% +1 字)。

2. ICL7106 的管脚功能

芯片一般采用双列直插塑料封装，共有 40 个引出端，也有采用印制电路板贴片封装有 44 个端子（增加 HOLD 数据保持端）。

3. ICL7106 的工作原理

ICL7106 是双积分式的 A/D 转换器，在一个测量周期中，首先自动调零，再对输入电压进行正向积分，最后对基准电压进行反向积分。

四、液晶显示器 LCD 的驱动方式

液晶必须采用交流驱动方式。当液晶显示器的字符笔划电极与背电极（BP）呈等电位时，液晶不显示（消隐）；当二者存在一定的电位差时，液晶就显示。通常是把两个频率与幅度相同而相位相反的方波电压分别加于笔划引出端与 BP 端之间，利用二者电位差来驱动该笔划字符发光。一般选 50 ~ 60Hz 的方波电压，幅度为 4 ~ 6V。

五、MAS 830L 型数字万用表的电路分析（其原理图见附录 B）

该表采用 ICL7106 型 A/D 转换器，基本量程按 200.0mV 设计。

基准电压由 R_{18}、R_{19}、V_{R201} 组成的分压器提供，仔细调整电位器 V_{R201}，可使 $V_{R+}=100.0\text{mV}$。

1. 直流电压测量电路

利用电阻分压器可将基本量程为 200mV 的电压表扩展成五量程直流数字电压表。图 5-1 中 R_1 ~ R_6 为分压电阻，均采用误差为 D ±0.5% 的精密金属膜电阻。分压器的总阻值为 1MΩ，各档的分压比由量程转换开关控制。

2. 交流电压的测量电路

采用整流二极管 VD 作为交流电压半波整流之用，测量时仍借用直流电压档的分压器，利用 R_5 和 R_6 的分压取样，构成交流电压 200V、600V 两档测量电路。448kΩ/1MΩ 之比形成（正弦波电压）半波整流系数，即 $\overline{U}=0.45\text{V}$。

3. 直流电流测量电路

电路如图 5-2 所示，当被测电流流过分流电阻时可产生电压降，由此实现 I/U 转换，利用数字电压表显示出被测电流的大小。分流器由 R_7 ~ R_{11} 组成，总阻值为 1kΩ。因 10A 的电流较大，故分流电阻 R_{11} 使用一根锰铜丝电阻。在图 5-2 中，FU 是 0.2A/250V 的快速熔丝管，它起过电流保护作用。

注意：10A 档未加过电流保险装置，因此用该档测量最大输入电流（10A）的时间不得超过 15s，以免损坏锰铜丝和线路板。

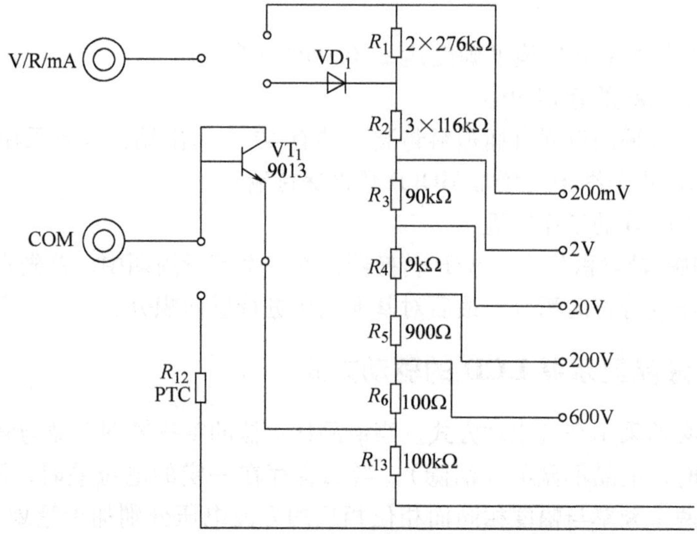

图 5-1 直流电压测量电路（附录 B 电路的局部）

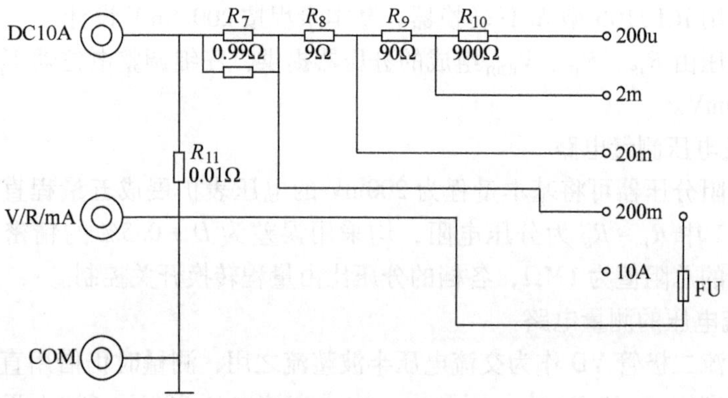

图 5-2 直流电流测量电路（附录 B 电路的局部）

4. 电阻测量电路

采用串联比例法测量电阻，此时将原来的基准电压电路断开，ICL7106 内部的 2.8V 基准电压源作为测试电压。标准电阻 R_0（即电路中的 $R_1 \sim R_6$）、PTC 热敏电阻与被测电阻 R_X 构成串联电路，以 R_0 上的压降作为 7106 的基准电压，R_X 上的压降作为 7106 的输入电压，根据欧姆定律有：

$$I=\frac{U_X}{R_X}=\frac{U_0}{R_0}$$

$$R_X=\frac{R_0}{U_0}\times U_{IN}$$

式中，比值 R_0/U_0 是一定值，因此 R_X 仅与 U_X（即 U_{IN}）成正比。

电阻档的保护装置由晶体管 VT_1（9013）和限流电阻 R_{16}（1.2MΩ）以及热敏电阻 PTC 所组成。它们主要是对心脏器件 7106 芯片进行保护，这里 VT_1 的 b、c 极短接，VT_1 代替稳压管作过电压保护，它将 U_{R-} ~ COM 之间的电压限制在 0.6 ~6V 之间；PTC 是为误操作时的交流电压提供一条通路，它起限流作用；大电阻 R_{16} 在芯片输入端起限流作用。

5. 二极管管压降的测量电路

它采用 2.8V 基准电压源作为测试电压，使正向接法的二极管导通，再经过分压器衰减后，就作为 7106 的输入电压，该档与欧姆 2k 档合用。

6. 晶体管 H_{FE} 的测量电路

使用该档的 H_{FE} 插口，可以测量小功率 PNP 或 NPN 型晶体管的 H_{FE}，测量范围是 0 ~ 1000 倍。

H_{FE} 是晶体管的直流放大系数，$H_{FE}=I_c/I_b$

β 是晶体管的电流放大系数，$\beta=\Delta I_c/\Delta I_b$

H_{FE} 与 β 是较近似，由于测量 β 的晶体管特性图示仪体积大、价格高，因此特别是低频小功率管，一般可用测量 H_{FE} 代替测 β。

7. 蜂鸣器档的工作电路

它采用 LM358 二单元运放，一单元作为电压比较器，二单元作为音频振荡用，当 $R_X>70\Omega$ 时，比较器输出高电平，VT_2 截止，R_{31} 与 C_6 不起振；当 $R_X\leqslant 70\Omega$ 时，比较器输出低电平，VT_2 导通，RC 起振，产生一个 1 ~ 2kHz 的振荡电压使 BZ 蜂鸣。

8. 液晶背光显示电路

在图 5-3 中，VT_3、VT_4 组成复合管，当 SW_1 按钮合上时，电源对电解电容 C_7 充电，同时使复合管导通，LED 点亮；当 SW_1 按钮断开后，电容 C_7 经 R_{35} 放电，维持复合管的导通，LED 背光显示可持续 6s 左右时间，直至 C_7 放完电才熄灭。

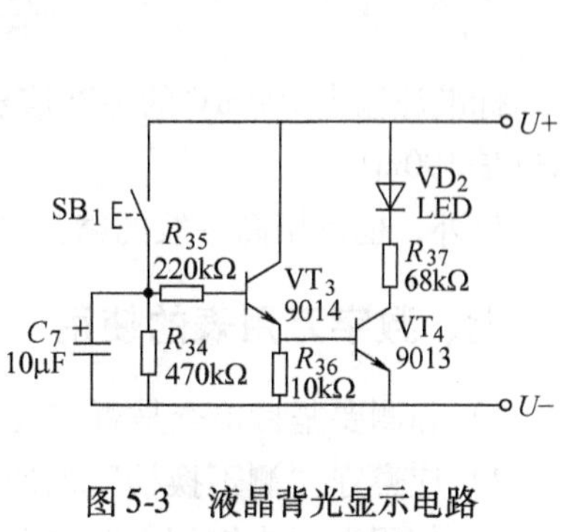

图 5-3 液晶背光显示电路
（附录 B 电路的局部）

9. 数字万用表的抗电磁干扰

在表的后盖内侧贴有一块金属箔纸，然

后经导电弹簧接至印制板的 COM 端，以屏蔽使用中的电磁干扰。

六、数字万用表的检验与调试

数字万用表属于测量仪表，制作和检修后的数字万用表应当经过认真地调试，才能达到规定的技术指标。

1）调试数字万用表应在标准测试条件下进行：

① 温度：23 ±5 ℃；

② 相对湿度：45% ~75%；

③ 电源电压：不超过规定电源电压的 ±1%；

④ 环境条件：无外界磁场、电场、震动或冲击的影响。

2）调试数字万用表需要标准源亦称标准仪器，对标准源的基本要求是：

① 标准源的综合误差应小于被校表允许误差的 1/3 ~1/5；

② 标准源的调节细度应小于被校表分辨力的 1/5 ~1/10。

3）数字万用表检验项目包括外观、电气特性。依据产品不符合技术标准的程度，将产品缺陷分为三种类型：

① 致命缺陷：短路、冒烟、漏电；

② 重缺陷：缺笔划、连笔划、功能不全；

③ 轻缺陷：只对产品的实用性能有轻微影响或几乎没有影响的缺陷；

④ 数字万用表基准电压的调整，将被校表拨至 DCV 200mV 档，其接线如下。

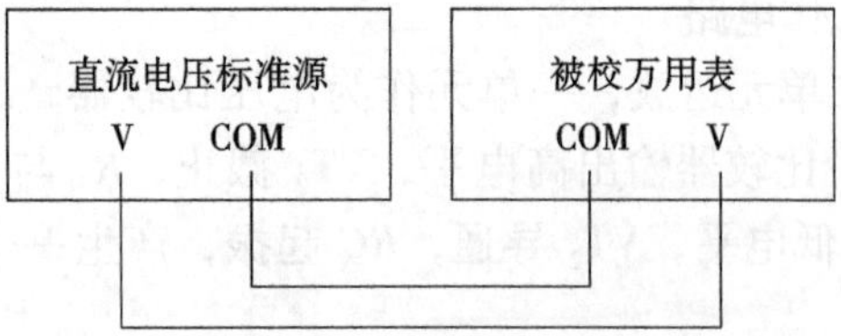

标准源输出 190mV 的标准信号，观察被校表，调整电位器 *RP*，使被校表显示也是 190mV。

另外，也可用高一级的精密电压表直接测调 V_{REF+} 端的 100mV 基准电压。

七、数字万用表的使用

1）临测要坚持检查是否“孔插对、档拨对、笔接对”。

2）应遵守“测不换档”的原则。

3）使用中“未知用大”，即不知道被测量大小，应将量程旋至最大。

4）对被测元件的安全应遵守“不超极限”的原则。

5）测量电压时表笔应并联在电路中，测量电流时表笔应串联在电路中，测量电阻时被测电路应断电。

6）220V 以上的交流电压应当采用“单手操作”原则，采取握筷姿势，避免触电电流通过心脏。

八、数字万用表的制作

MAS830L 型数字万用表是一个简单的电子产品，通过实际制作可使人们熟悉常用的电子元器件，掌握手工焊接的基本技能，获得简单电子产品的生产工艺和装配与调试的基本知识，另外可以熟悉数字万用表的使用，提高人们的动手能力以及进一步学习专业理论的兴趣。

（1）焊接练习　通过对 200 个以上的大小焊盘的手工焊接训练，掌握手工焊接的工艺技能。

（2）电阻识别　根据电阻色环标志表和电阻明细表将几十个电阻对号入座。

（3）元器件识别　根据有关理论知识熟悉万用表所用的晶体管、运放、液晶、电容、电位器、接插件、蜂鸣器等

（4）元器件焊接　根据元器件在印制电路板上的位置图装焊各个元器件，注意元件的高低、极性，不得有短路（连焊）和断路（铜箔拉断、脱落）。

（5）印板清洗　焊接完毕后用酒精溶剂擦抹量程转换开关等部位，避免今后接触不良和氧化的出现。

（6）组装检验　熟悉一些金属簧片、弹簧、钢珠等的作用，依据有关功能检查的要求对万用表进行初检。

（7）精调验证　精调好基准电压值，随后按出厂标准各量程的有关技术指标验收万用表。

（8）掌握使用　熟练掌握万用表各个量程的使用方法和注意要点。

九、动脑筋

通过数字万用表的理论知识介绍和数字万用表的制作，请大家分析下列一些情况及现象，找出其中的原因和答案。

1）MAS830L 型万用表印制电路板上有近百个细小圆孔，小圆孔并不焊接或固定任何电子元件，细小圆孔为何而设？

2）某人制作了一块数字万用表，用该表去测量交流电压，结果液晶显示出一个负的交流电压数值，为什么？

3）某人测量 220V 交流电压，但将红表笔插错，将红表笔插到 10A 插孔，请分析会产生什么严重后果？

4）热敏电阻在 MAS830L 中是一次性使用保护器件，还是可多次使用的保护

器件，为什么？

5）为什么用MAS830L型万用表测量交直流电压最大只能允许到600V，超过600V该表是否会显示，但是这有什么后果？

第二节　温显仪制作

数字式温度显示报警仪是一种利用数字电子技术直接在面板上以数字形式显示温度测量值，并且在测量值超越预先设定的上、下限值时，产生报警动作的测量仪表。比起在此之前的指针式测量仪表，数字式仪表具有灵敏度高、结构简单、无机械磨损、精度高、不存在读数误差和变差、功能强、能实现非线性校正、断偶保护、上、下限报警、操作、维护、使用方便等优点。随着集成电路等电子器件的降价，制造数字式仪表的成本也趋下降，因而数字式仪表得到愈来愈广泛的应用。

作为电子技术的实践教学，由学生自己动手制作和调试一台数字式温度显示报警仪可以使学生增强对数字式仪表工作原理的理解，训练他们制作调试仪表的能力，对自动化仪表专业的学生学习各类专业课程，以及毕业后从事专业技术工作都是有益的。

以下是有关数字式温度显示报警仪的实践教学参考材料。

一、数字式温度显示报警仪的原理

数字式温度显示报警仪通常由输入回路、放大电路、非线性补偿电路、标度变换、A/D转换、译码、驱动、显示及电源等部分构成，其结构框图如图5-4所示，电气原理图见附录D。

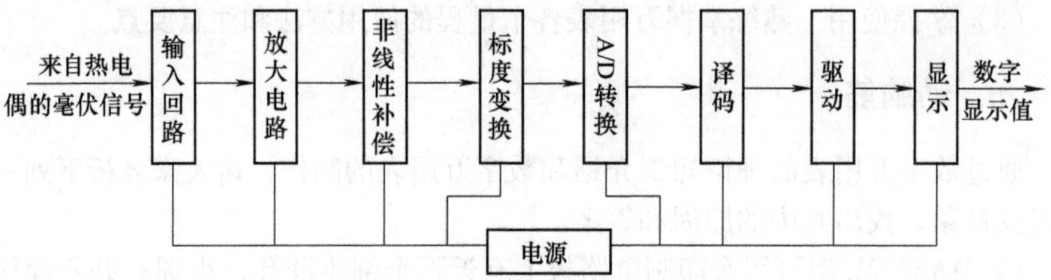

图5-4　数字式温显仪的结构框图

仪表输入端接上热电偶后，被测温度被转换成相应的热电动势毫伏信号送入数显仪，最终在数码管上直接以数字度数表达温度值，同时在数显仪上可以设定温度的上限值和下限值，当被测温度超过上限值或下限值时，仪表还会改变触点开闭状态，以示报警。

（一）输入回路

输入回路是被测信号进入仪表后首先经过的环节，在输入回路中实现仪表的调零，输入过载保护、断偶保护、滤波抗干扰和热电偶冷端温度补偿等。

1. 输入过载保护

利用两个二极管方向相反地并联在输入信号的“正”、“负”两端，将输入信号的幅值限制在二极管的正向压降值（约0.7V）以内，如图5-5所示。

2. 滤波

为了排除交流干扰，如电网的低频干扰，在信号输入通道中设置∏型滤波电路，由元件R_{12}、C_4、C_5构成，如图5-6所示。

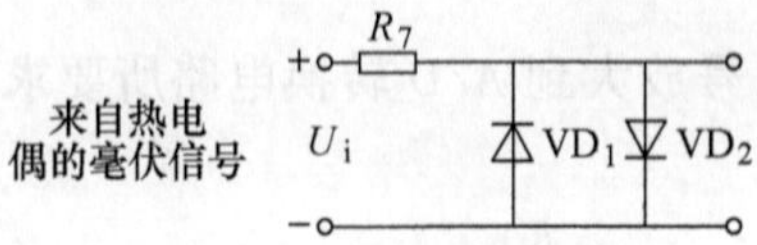

图5-5 输入过载保护电路（附录D电路的局部）

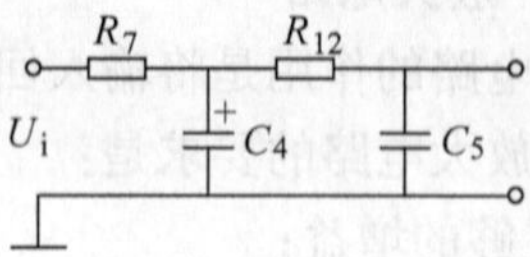

图5-6 滤波电路（附录D电路的局部）

3. 断偶保护

断偶保护是这样一种功能：当热电偶因某种原因断线时，保护线路能产生一个较大的电压，输入放大电路，使显示仪显示最大值，从而区别于热电偶在零度温度时的0mV输入状况，能够及时引起操作人员的注意，发现断偶故障。本显示仪断偶保护主要是采用了R_8和C_3两个元件，如图5-7所示。

在热电偶正常工作时，$U_i \approx 0$，热偶丝阻值很小，电阻R_8与其并联，放大器的输入电压仅为零点几伏，放大器正常工作。

当热偶断线时，R_8与其并联，相当于$R_8 /\!/ \infty$，电容C_3被电源2.5V电压经R_8充电，C_3的电压不断增大，直到达到2.5V为止，C_3的电压作为放大器的输入而被放大，最终使仪表显示满度数值。

4. 调零电路

合格的显示仪，在热电偶输入为0mV时，仪表的显示值也正好为零。如果因某种原因，显示值不为零时，应该可以设法调整，直到显示为零。调零电路的作用就在于此。本显示仪的调零电路采用的是一个由R_1、R_3、R_4、R_5和RP_2组成的桥路，如图5-8所示。桥路由+2.5V电源供电，桥路的输出叠加在热电动势U_i之上，作为放大电路的输入信号，迫使放大器的输出，在U_i为零时，它一定也为零。如若不为零，则调整RP_2的中间触点位置，或者进一步改变电阻R_5的阻值，使放大电路输出$U_o=0$。

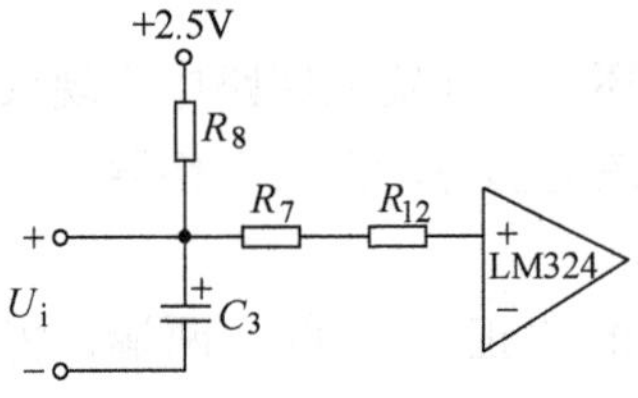

图 5-7 断偶保护电路（附录 D 电路的局部）

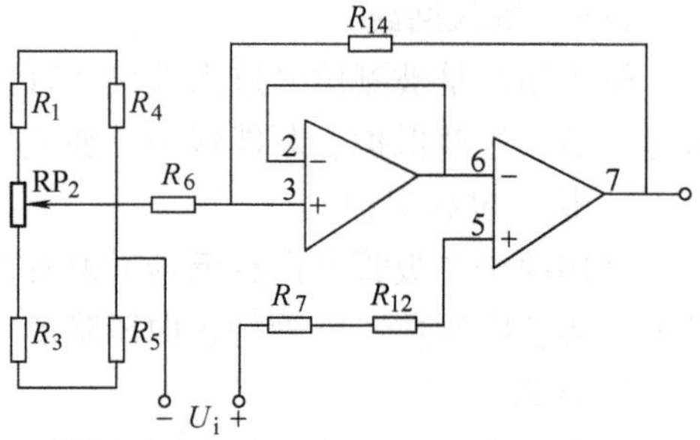

图 5-8 调零电路（附录 D 电路的局部）

（二）放大电路

放大电路的作用是将输入回路送入的小信号放大到 A/D 转换电路所要求的幅值。对放大电路的要求是：

① 足够的增益；

② 高稳定性；

③ 高输入阻抗；

④ 较强的抗干扰能力；

⑤ 具有一定的过载能力。

具体线路如图 5-9 所示。

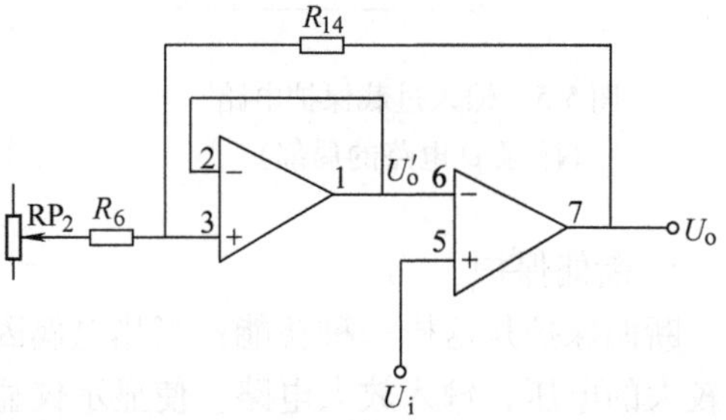

图 5-9 放大电路（附录 D 电路的局部）

本放大器设置二级放大，实际上第一级是 100% 负反馈电路，增益 ≈1，仅起增大阻抗和温度补偿作用，当环境温度 T 增大时，原本放大器的 U_o 要增大，但因第一级输出 U_o' 也增大，接入第二级的反相输入端，使 U_o 下降，这样 U_o 在 T 变化时，基本稳定。

放大电路的放大倍数按下式计算：

$$K = 1 + \frac{R_{14}}{R_6} = 1 + \frac{20\text{k}\Omega}{1\text{k}\Omega} = 21$$

（三）报警

生产过程往往需要被测量处于某一量值范围内，当被测量超出该范围时，常常意味着生产过程出现了不正常情况，所以在测量仪表上设置上、下限会给控制生产过程带来不少方便，如图 5-10 所示。

本显示报警仪的 LM324 集成块中的一个运算放大器作为比较器。对两个电压进行比较，其中一个电压 U_i 来自于放大电路的输出，作为测量信号，另一个电压 U_f 取自于 RP_4，由 +2.5V、0V 分压而来，作为上限。在测量信号未超过上限值，即 $U_i < U_f$ 时，比较器输出为负，即 $U_o < 0$，此时后接晶体管基极电压得

负，管子（9103）截止，其负载继电器 K_1 上无电流通过，它的触点中的中、低断开，对外不报警。当测量信号超过上限值，即 $U_i > U_f$ 时，比较器输出为正，即 $U_o > 0$ 晶体管导通，继电器 K_1 上有电流流过，触点状态翻转，即中、低闭合，对外发出报警信号。

线路中电阻 R_{10} 为比较器引入正反馈，一旦 $U_i > U_f$，$U_o > 0$ 时，使 U_o 迅速直线上升，加快继电器的动作。

本显示仪的下限报警线路采用1#LM324集成块中的另一运算放大器作为比较器，设定电压取自 RP_3，其工作原理与上限报警相同。

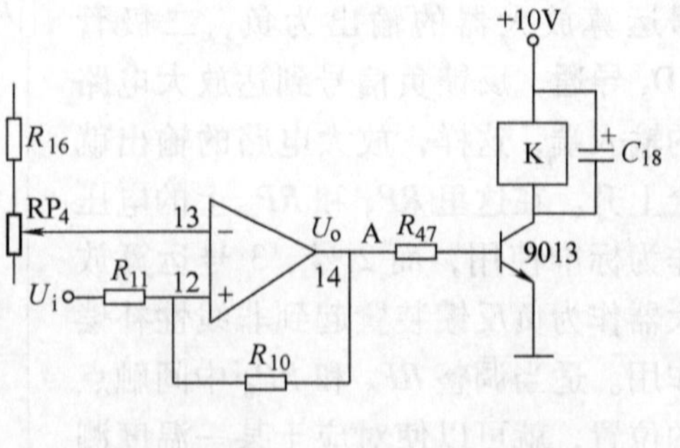

图 5-10 报警电路（附录 D 电路的局部）

还要说明一点，为了减小仪表体积和元件个数，放大电路和报警线路中的运算放大器合用一片 LM324 集成块。

（四）非线性补偿

由于热电偶将温度信号转换成相应的电压信号，虽然是唯一对应的，但并非成比例，即转换特性为非线性的特性，故若显示仪再将电压信号线性地变换成数字量加以显示，显示结果必然与被测温度值不成线性关系，表现在显示数字除了零点与满量程点以外均与被测温度有一定的误差，这种误差称作非线性误差。为了使数显仪上的显示数值与被测温度成比例，在显示仪的电子线路中增加一个非线性补偿环节，如图 5-11 所示。只要参数选择合适，仔细调整，总可以获得满意的结果。

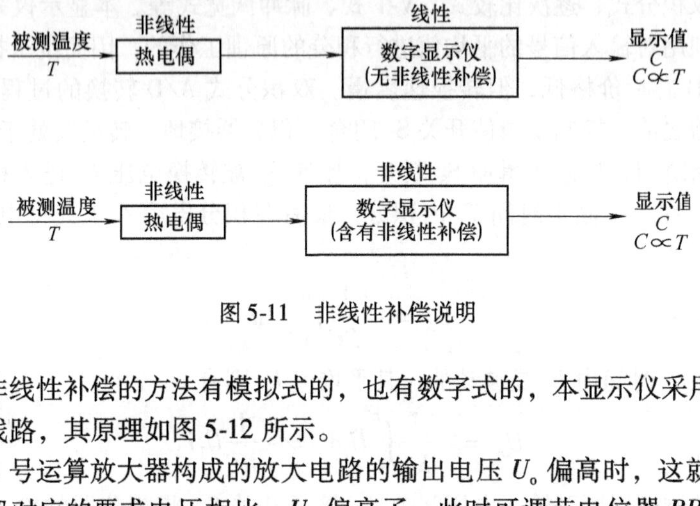

图 5-11 非线性补偿说明

实现非线性补偿的方法有模拟式的，也有数字式的，本显示仪采用模拟式的电子补偿线路，其原理如图 5-12 所示。

当由 1 号运算放大器构成的放大电路的输出电压 U_o 偏高时，这就意味着与输入温度 T 对应的要求电压相比，U_o 偏高了，此时可调节电位器 RP_5，使 2 号运算放大器的输出为正，二极管 VD_4 导通，反馈正信号到达 1 号放大电路的输入端（反相端），这样，放大电路的输出便会下降。如果放大电路的输出 U_o 偏低时，则调节电位器 RP_6，使 3 号运算放大器的输出为负，二极管 VD_3 导通，反馈负信号到达放大电路的输入端，这样，放大电路的输出就会上升。在这里 RP_5 和 RP_6 上的电压作为标准使用，而 2 号、3 号运算放大器作为负反馈装置起到非线性补偿作用。适当调整 RP_5 和 RP_6 中间触点的位置，就可以使对应于某一温度测量值 T 时的放大电路输出电压 U_o 符合要求。

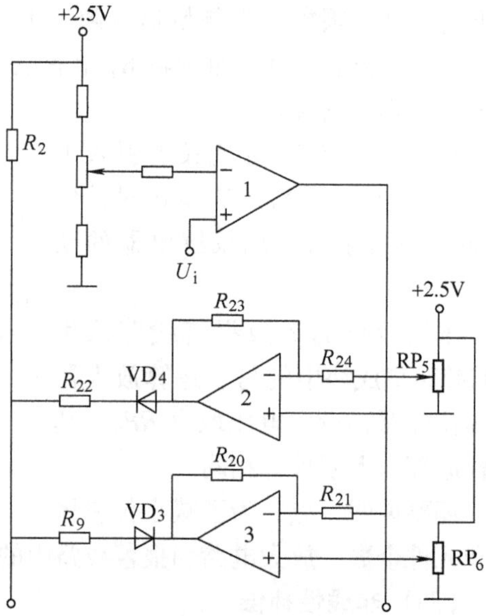

图 5-12 模拟式非线性补偿电路
（附录 D 电路的局部）

为了补偿效果好些，可以在仪表测量范围中均匀地确定若干温度点进行补偿。本显示仪采用 8 点补偿点，正好利用 2 号和 3 号二块 LM324 集成块来实现。

（五）A/D 转换

A/D 转换即模拟量转换成数字量，这是数字式显示仪中的关键所在，如图 5-13 所示。目前 A/D 转换的方式有多种，如双积分式、逐次比较式、V-T 式、脉冲调宽式等。本显示仪采用双积分式，它是利用对输入信号的平均值进行积分的原理工作的，因而抗干扰性强。双积分式 A/D 芯片价格低，但转换速度慢。双积分式 A/D 转换的过程是这样的：在转换开始之前，控制逻辑使开关 S_3 闭合，积分器接地，转换器处于停止状态。当转换开始瞬间，控制逻辑使 S_3 断开，接通 S_1 被转换电压 U_i 进入积分器，采样开始。U_i 在一个固定时间 T_1 内积分，最后在积分电容 C 上充得电压 U_A，其大小为

$$U_A = -\frac{1}{RC}\int_0^{T_1} U_i \mathrm{d}t$$

如果在 T_1 时间内 U_i 是波动的，其平均值 $\overline{U}_i$ 则有

$$U_A = -\frac{1}{RC}\int_0^{T_1} \overline{U}_i \mathrm{d}t = -\frac{1}{RC}\overline{U}_i T_1 \tag{5-1}$$

然后控制逻辑断开输入电压开关 S_1，接通开关 S_2，将积分器的输入端接到与

输入电压极性相反的基准电压 U_r 上。这时积分器开始放电，实际上为反向充电。经过时间 T_2，输出电压 U_A 重新回零，即

$$U_A = -\frac{1}{RC}\int_0^{T_2}\overline{U}_r dt = U_A - \frac{1}{RC}\overline{U}_r T_2 = 0 \tag{5-2}$$

放电结束，也即比较结束。由式(5-1) 和式(5-2) 得出

$$-\frac{1}{RC}\overline{U}_i T_1 - \frac{1}{RC}\overline{U}_r T_2 = 0$$

$$T_2 = -\frac{T_1}{U_r}\overline{U}_i \tag{5-3}$$

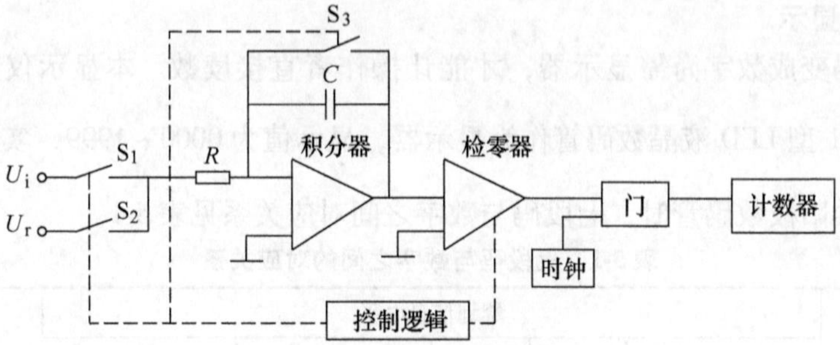

图 5-13　A/D 转换电路

即反向积分时间 T_2 能够很简单无误地反映输入电压的平均值 $\overline{U}_i$。

积分器的输出电压在开始采样瞬间和反向充电比较结束瞬间，如图 5-14 所示。两次出现“0”电平。由检零器引出标志两次“0”电平出现时刻的两个脉冲作为控制计数门的开关信号，那么，在 T_1 段时间内计得 N_1 个脉冲，在 T_2 段时间内计得 N_2 个脉冲，在时钟频率 f 一定时，脉冲数与时间是成正比的：

$$\frac{N_1}{T_1} = \frac{N_2}{T_2} = f \tag{5-4}$$

或

$$\frac{N_1}{N_2} = \frac{T_1}{T_2} \tag{5-5}$$

所以式（5-3）可以改为

$$N_2 = -\frac{N_1}{U_r}\overline{U}_i \tag{5-6}$$

式中，“-”号的意义仅代表方向，对计数无实际意义，故可省

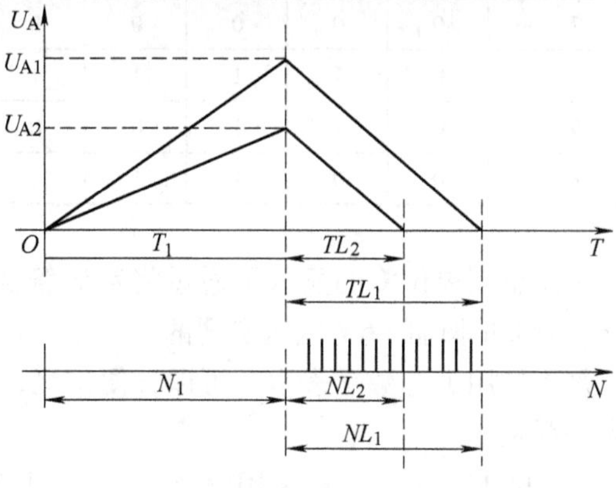

图 5-14　积分器的输出电压

略。

由于 N_1 和 U_r 都是一定的，所以只要对放电时间计数测出脉冲数 N_2 来代表，即能精确地表达被转换电压 U_i 的平均值 $\overline{U}_i$ 了。

从脉冲个数 N_2 到数码，还需编译，译码器就起这个作用。本显示仪中，译码器将脉冲计数值 N_2 转换成七段码，然后再由驱动器加以功率放大后，送至发光数码管 LED 显示。

本显示仪中采用美国 Inter 公司生产的 ICL7107 集成电路来担任 A/D 转换、译码和驱动任务。其引脚线情况见附录 D。在 7107 中还有一个极性识别功能，它能使负信号变成正信号，再积分。

(六) 显示

将数码变成数字尚需显示器，才能让操作者直接读数。本显示仪采用 4 个 LA5011—11 型 LED 液晶数码管作为显示器，显示值为 0000 ~ 1999，实际为 $3\frac{1}{2}$ 位。采用共阳极数码管时，七段码与数字之间对应关系见表 5-1。

表 5-1 七段码与数字之间的对应关系

显示数字	笔划信息电平								记忆
	h	g	f	e	d	c	b	a	
0	0	0	1	1	1	1	1	1	3F
1	0	0	0	0	0	1	1	0	06
2	0	1	0	1	1	0	1	1	5B
3	0	1	0	0	1	1	1	1	4F
4	0	1	1	0	0	1	1	0	66
5	0	1	1	0	1	1	0	1	6D
6	0	1	1	1	1	1	0	1	7D
7	0	0	0	0	0	1	1	1	07
8	0	1	1	1	1	1	1	1	7F
9	0	1	1	0	0	1	1	1	67
c	0	0	1	1	1	0	0	1	39

摄氏温度单位℃的显示是通过将数码管倒方向插入电路板，在数码管的 a、b、c、d 和 h 脚加 +5V 电压实现的。

每 4 位用 1 个数字表示，可以方便记忆，4 位二进制数与阿拉伯数字字母的对应关系是

0000—0	0101—5	1010—A	1111—E
0001—1	0110—6	1011—B	

0010—2	0111—7	1100—C
0011—3	1000—8	1101—D
0100—4	1001—9	1110—E

（七）电源

电源（如图 5-15 所示）的功能是为仪表电路的各部分提供能源。本仪表电源供电电压有 5 种：

1）+5V 用于显示、放大、A/D 转换。

2）-5V 用于 A/D 转换、放大。

3）+2.5V 用于 A/D 转换的基准电压。

4）+10V 用于上、下限设定电路中的继电器线圈电压。

5）~6V 用于指示灯电源。

仪表的电源供电来自于 220V，50Hz 交流网。

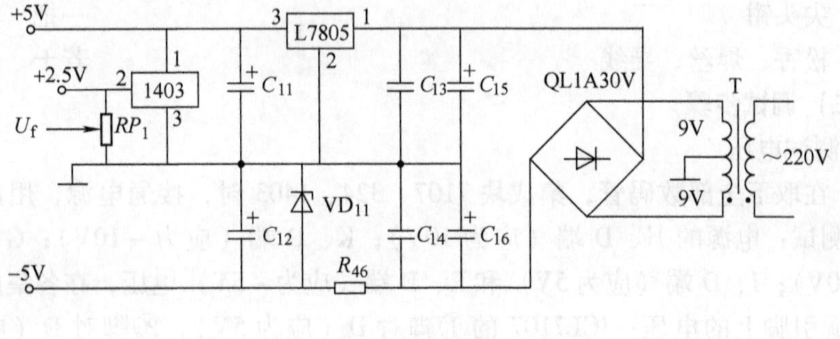

图 5-15　电源电路

（1）±5V．TIF，+2.5V 稳压电源　L7805、MC1403 均为稳压电源集成块，只有 3 个引脚，使用十分方便。它们的稳压原理如图 5-16 所示。-5V 输出未用稳压块，因为电流不大，只有几个 mA，故仅用 2CW53 稳压，如要求提高，可用 L7905 集成块。+2.5V 输出档有一电位器 RP_1，使输出电压可调节，供 ICL7107 作参考电压 U_r。

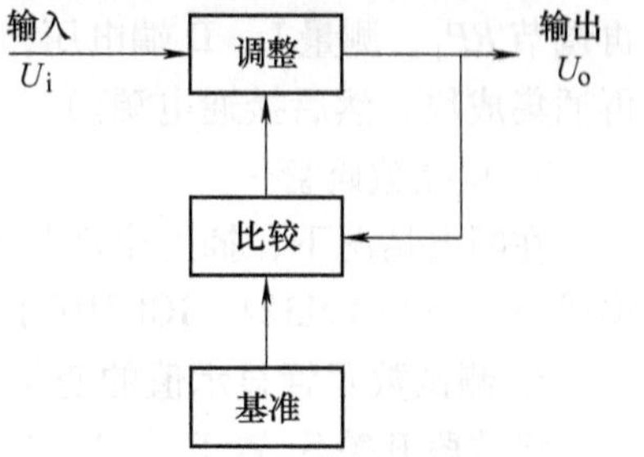

图 5-16　稳压原理框图

（2）+10V 电压　该电压由 10V，经 QL1A30V 桥堆整流，及 100μF 电容滤波后获得，供二个 4099 继电器使用。

（3）~6V 电压　该电压直接由电源变压器的一个副绕组提供，用于上、下限报警指示灯。

二、数字式温度显示报警仪的调试

学生在按照本温显仪原理图、安装图（见附录 D、E、F、G）制作好数显表的电气部分后，经过仔细校核，确保零件、线路正确无误，线路板上无短路、断路、虚焊现象后可以着手调试。

（一）调试用仪器和工具

1）UJ31 型低电势直流电位差计（精度 0.005 级）	一台
2）AC15/4 型直流复衬式检流计	一台
3）6V 直流稳压源	一台
4）万用表	一台
5）饱和标准电池	一个
6）电烙铁	一把
7）摄子钳	一把
8）尖头钳	一把
9）松香、焊丝、导线	若干

（二）调试步骤

1. 测试电压

1）在取下全部数码管，集成块 7107、324、1403 时，接通电源，用万用表电压档测试：电源的 H、D 端（应为 10V）；K、D 端（应为 -10V）；G、D 端（应为 10V）；I、D 端（应为 5V）和 E、D 端（应为 -5V）电压，在各集成块插座上电源引脚上的电压；ICL7107 的①脚对 D（应为 5V）；㉖脚对 D（应为 -5V）；LM324 的④脚对 D（应为 5V）；⑪脚 D（应为 -5V）；MC1403 的 1 脚对 D（应为 5V）。

2）插上集成块 MC1403 后，测量线路板上的 C、D 端电压（应为 2.5V）。再调节 RP_1，测量 L、D 端电压，使其值为 1V。（注意插集成块时应先切断电源，再插集成块，然后接通电源。）

2. 点亮数码管

在断电情况下，插上全部数码管（其中最后一位数码管要倒方向插入）和集成块（三块 LM324，ICL7107）。通电后，数码管应点亮。

3. 测试数码管显示值的变化范围

将波段开关 S_1 置于“12”位调节电位器 RP_4，此时数码管显示数值应在 0 ~ 1300℃左右范围内变化；将 S_1 置于“8”位，调节电位器 RP_3，此时数码管显示数值仍应在 0 ~ 1300℃左右范围内变化。

4. 测试热偶断路保护作用

在不接输入电压 U_i 时，观察数码管显示值，应该大于 1000℃，如果未达到此要求，必须检查热偶断路保护电路。

5. 仪表调零位

将用作信号源的电位差计的输出电势接到显示仪的输入端（注意极性必须正确）。将电位器 RP_5、RP_6、RP_7 调至最大值处，L_3 处短接和电位差计输出为零情况下，显示仪数码管应显示 0℃。若不为零，可调节电位器 RP_2，使之显示为零。

6. 仪表调满度

将电位差计的输出电动势调到 41.27mV，仪表的显示值应为 1000℃，若不为 1000℃，可调节电位器 RP_1，使其显示 1000℃。

应该指出，满度调好后，还应对零点校正，再调满度，只有反复调整，才能同时实现零点和满度的准确定位。

7. 调整仪表的线性度

对照镍铬-镍硅（K）热电动势与温度对照表（见表 5-2），利用电位差计向显示仪由小到大输入与 50℃的整数倍对应的电动势，或与 100℃的整数倍对应的电动势，数显仪数码管应显示在相应的温度值上。若误差值小于 3℃，可以认为精度符合要求，继续测试下一点；若显示值与理论值误差大于 3℃，则应引入补偿环节。引入的方法是将电位器 RP_5 ~ RP_{10} 中的任一个的中间触点接到非线性补偿用负反馈放大器（2#LM324 和 3#LM324），如果是显示值偏高的情况，则接到放大器的反相端，如果是显示值偏低的情况，则接到放大器的同相端，然后调节电位器，使误差减小。本显示仪最多可以校正 8 点温度处的误差。

必须指出，非线性校正也应该反复多次地进行，以使仪表在 0 ~ 1000℃范围内所有温度上非线性误差均小于 3℃，满足性能指示的要求。

8. 测试报警功能

假定报警点为 300℃和 800℃。先调整上下限设定点：将波段开关 S_1 置于“8”位，调电位器 RP_3，使数显仪显示温度 300℃；再将 S_1 于“12”位，调电位器 RP_4，使数显仪显示温度 800℃。然后将开关 S_1 置于“7”位，让由电位差计输入仪表的电压由 0 逐渐增大，当输入电压使显示值到达 300℃时，继电器 K_1 应该吸合；而当显示值到达 800℃时，继电器 K_2 应该吸合，如果 K_1、K_2 不动作，或动作有误，应检查报警电路。

表 5-2　镍铬-镍硅（K）热电偶、热电势与温度对照表（冷端温度为 0℃）

T/℃	E/mV	T/℃	E/mV
0	0.000	750	31.214
50	2.022	800	33.277
100	4.095	850	35.314

（续）

T/℃	E/mV	T/℃	E/mV
150	6.137	900	37.325
200	8.137	950	39.310
250	10.151	1000	41.269
300	12.207	1050	43.202
350	14.292	1100	45.108
400	16.395	1150	46.985
450	18.513	1200	48.828
500	20.640	1250	50.633
550	22.772	1300	52.398
600	24.902	1350	54.125
650	27.022		
700	29.128		

温度显示报警器原理图、印板图见附录 D、E、F、G。

第三节　电子线路故障与排除方法

一、电子线路的故障

电子产品的故障主要是由于元器件、线路和装配工艺三方面的因素引起的。常见的故障原因大致有以下几种。

1）元器件筛选检查不严格或由于使用不当、元器件超负荷而损坏。

2）元器件、线路板受潮、发霉或绝缘降低，元器件的引脚氧化。

3）焊接工艺不良，造成焊点桥接短路，焊点铜箔脱落、断线，以及虚焊造成的接触不良等情况。

4）开关和接插件的接触不良。

5）连接导线接错或因外力、电池漏液腐蚀而断路。

6）由于元器件的排布不当，造成元器件之间相碰而短路，或元器件引脚与机壳相碰而短路。

7）可调元件的调整端接触不良，造成开路或噪声增加。

8）电路设计不当，以至元器件的参数稍有变化，电路就不能正常工作。

9）电子产品装配后检验不合格的可能原因是电阻等元器件放错（张冠李戴、或位置错引起开路、短路）。

以上列举的都是查找故障原因时的重点怀疑对象，电子产品排除故障一般有一定的程序，通常采用逐步缩小范围的方法，根据电路原理图进行分段检测，使故障局限在某一部分之中再进行详细的查测，最后加以排除。

二、排除故障的一般程序和方法

1. 不通电观察法

在不接通电源的情况下，打开产品外壳进行观测，有相当多的故障仅凭眼睛目测或配合使用放大镜及万用表电阻档就能发现，如保险丝通断、变压器好坏、线路短路或断路等情况。有时盲目通电检查反而会扩大故障范围。

2. 通电观察法

接通电源进行表面观察，首先应看是否有冒烟、火花、发热、声响等现象。如遇到这些特殊情况，必须立即切断电源分析原因，再确定检修部位。如果一时观察不清，可以重复开机几次，但每次时间不要长，以免扩大故障。

3. 替代法

替代法又称试换法或代换试验法，就是对于可疑的元器件、部件、插件甚至半机，用同类型的部分试换来查找故障的方法。这对于缩小检测范围和确定元器件的好坏很有帮助。注意在替代前和替代过程中，都应切断电器或电路的电源。

4. 测量电压法

检查电子产品的外部交流电压和内部直流电压是否正常，是分析故障原因的基础。通过被测部分电压数值，与正常电压数值进行对照，找出故障所在部位。对于测量电流不方便的电路，常用测出该电流流过电阻器的两端电压，然后借助欧姆定律进行间接推算。

5. 波形观察法

通过示波器观察被检电路工作在交流状态时各测点波形的形状、幅度、周期等来判断交流电路中各元器件是否损坏的方法称为波形观察法，简称波形法。

用波形法检查振荡电路和信号产生电路时，不需外加任何信号。

故障检查其它方法还有测量电流法、信号注入法、断路法、短路法等，这里就不一一详细介绍。

思考与训练题

一、是非题

1. $3\frac{3}{4}$位数字万用表可以显示的最大数字是3999。……………………（　　）
2. 数字万用表观测连续变化量不及指针万用表直观。………………（　　）
3. 数字万用表的基本表是一块直流电流表。…………………………（　　）

4. 数字万用表具有手动调零，但不具有极性显示。…………………（ ）

5. MAS 830L 型万用表中二极管 VD_1 是作为交流电压档半波整流之用。……………………………………………………………………（ ）

6. MAS 830L 型万用表中热敏电阻（PTC）是作为万用表过电压保护作用。……………………………………………………………………（ ）

7. 万用表测量电压时表笔应串联在电路中，测量电流时表笔应并联在电路中。……………………………………………………………（ ）

8. 温差的适应性差是数字式万用表的主要缺点之一。………………（ ）

9. 通常热电偶的温度与热电势对照表是指冷端为常温（25°C）时的数据。……………………………………………………………………（ ）

二、选择题

1. 830L 型万用表中晶体管 VT_1 是作为________之用。

（A）过电流保护装置　（B）电阻挡保护装置　（C）接地保护装置

2. 常规 20W 内热式电烙铁头部温度有________°C 以上。

（A）300　（B）400　（C）500

3. MAS 830L 型数字万用表可以显示的最大数字是________。

（A）19999　（B）39999　（C）1999

4. 数字万用表 COM 端它表示________。

（A）模拟地　（B）基准电压端　（C）数字地

5. 本制作中的数字万用表蜂鸣器档采用了 LM358 ________运放。

（A）一单元　（B）二单元　（C）三单元

6. DT830D 型万用表蜂鸣器档，当红、黑表笔间电阻小于________欧姆才会蜂鸣。

（A）70　（B）700　（C）7k

7. 如误用数字万用表的电流档去测量 220V 交流电压，将会出现________情况。

（A）断路　（B）溢出　（C）短路

8. 某人制作的数字万用表测量交流电压，液晶显示出负极性，这是由于________原因。

（A）整流二极管焊反　（B）红黑表笔插反　（C）液晶装配有误

三、问答题

1. 简述 hFE 的含义与公式。

2. DT830D 型万用表的康铜丝和快熔管分别作何用？

3. DT830D 型万用表液晶字符有哪些特别指示？

4. 某人测量 220V 交流电压，但将红表笔插错，将红表笔插到 10A 插孔，请分析会产生什么严重后果？

5. 热敏电阻在 MAS830L 中是一次性使用保护器件，还是可多次使用的保护器件，为什么？

6. 为什么用 MAS830L 型万用表测量交直流电压最大只能允许到 600V，超过 600V 该表是否会显示，但是这有什么后果？

7. 热电偶的温度热电势对照是线性的还是非线性的？

8. 本章中的温显仪断偶时显示什么？断偶保护是什么元件？

9. 什么是零点漂移？产生零点漂移的主要因素是什么？

10. 如何进行简单电子产品的故障分析与排除？

11. 什么叫做反馈？依其作用如何分类？

12. 理想运算放大器有哪些特点？

13. 数字万用表调试的注意事项是什么？

14. 本温显仪的报警电路中 LM324 作何用、它采用什么反馈？

15. 本温显仪中 2CW53、L7805、MC1403 分别作何用？

16. 数字式万用表的电阻档保护装置通常采用什么元器件，它们各起什么作用？

实 习 指 导 书

实习 1　安全用电与室内照明配线实习指导书

姓名		班级		得分	

一、目的与要求

通过本次实习，能正确使用常用电工工具和常用仪表。熟悉照明布线和低压电器安装、检测的基本工艺。掌握电工安全作业的基本操作技能，为提高综合素质打下一定的基础。

二、实习内容

1. 了解电工安全作业规程。
2. 掌握电工小八件的正确使用。
3. 掌握万用表的正确使用方法。
4. 进行量电和照明布线的作业。
5. 室内照明配线的检测。

三、量电和照明布线的接线图。

四、问答题

1. 用电不当、电气缘故容易发生哪些事故？
2. 预防触电有哪些保护措施？

五、画出两个双联开关控制 220V 白炽灯的接线原理图。

实习2　PGL配电盘实习指导书

姓名		班级		得分	

一、目的与要求

通过本次实习，使同学能够了解工厂的配电系统，并且能了解基本的配电盘制作工艺。要求能够自己独立翻制接线图和接二次回路的线。

二、实习内容

1. 根据原理图能编制设计规范书和材料明细表。
2. 根据原理图翻制二次回路接线图。
3. 根据接线图接二次回路。
4. 检查已安装的元器件是否符合工艺。
5. 检查已做好的母线是否符合工艺。
6. 调试自己做好的配电盘。

三、设计规范书和明细表的编制

四、接线图的翻制

五、二次接线

序号	接线工艺检查	自己检查	指导老师检查	评分
1	连接螺栓的检查			
2	导线端子的检查			
3	号码管编号的检查			
4	线束的检查			
5	元器件的检查（是否损坏）			

六、调试

序号	测试项目	现象自述	完成情况	评分
1	测量表计	（内容填在表下）		
2	刀开关	（内容填在表下）		
3	空气开关控制	（内容填在表下）		
4	电容补偿	（内容填在表下）		

第一项：

第二项：

第三项：

第四项：

七、简述 PGL 型低压配电盘电器元件一般安装步骤。

八、简述 PGL 型低压配电盘二次接线的要求。

九、简述低压配电盘母排选择及固定要求。

实习3　常用低压电器与电动机控制实习指导书

姓名		班级		得分	

一、目的与要求

通过本次实习，熟悉常用低压电器的结构、工作原理、控制功能以及图形符号，掌握电气控制线路的基本原理，掌握电气控制柜接线基本工艺，并对出现的故障能进行分析和排除。

二、实习内容

1. 了解常用低压电器（接触器、继电器、空气开关和主令开关等）的基本性能、基本结构、工作原理。

2. 掌握低压电器接线安装时所使用工具的正确使用方法。

3. 掌握电气原理图的主要图形符号，熟悉电气图的读图方法。

4. 根据生产工艺接线要求，对本次实习控制线路进行接线。

5. 能正确完成常用低压电器投入运行前的质量检查和调整。

6. 对调试过程中的故障进行分析、排除。

三、三相交流电动机正反转带能耗制动环节的控制线路图

四、简述接线、调试过程中的故障分析及排除方法。

五、是非题

1. 电器按动作原理分为手动电器和自动电器两大类。……………（　　）

2. 电器是用来达到控制调节与保护目的的电气设备。……………（　　）

3. 接触器是一种用来通断小容量电路、不频繁动作的控制电器。……………………………………………………………（　　）

4. 接触器主要有电磁机构、触头系统、灭弧装置三大部分组成。……………………………………………………………（　　）

5. 自动开关的脱扣器包括过电流脱扣器、失压或欠压脱扣器和热脱扣器。……………………………………………………………（　　）

6. 按钮中常开触头（红色）通常用于设备的停止。　……………（　　）

7. 通常交流接触器都有三对常闭主触头。…………………………（　　）

8. 接触器、继电器中标识（NO）表示常开触头，（NC）表示常闭触头。……………………………………………………………（　　）

9. 中间继电器符号用KA，电流继电器符号用KI。……………（　　）

10. 热继电器通常用于短路保护，其在控制回路有一付常开

触头。 …………………………………………………………………………（　　）

11. 电气原理图中主电路画在右侧，控制回路画在左侧。 …………（　　）

12. 电气原理图中，所有电器触头均按没有通电和没有外力作用时的开闭状态绘出。 ………………………………………………………（　　）

13. 电气控制线路的“互锁”相当于十字路口的红绿灯。 …………（　　）

14. 接触器具有过载保护作用。 ……………………………………（　　）

15. 接触器、继电器线圈均有数百欧姆电阻，在电气布线时通常不能被短路。 ………………………………………………………………（　　）

16. 自动开关相当于刀开关、熔断器、热继电器和欠电压继电器的功能组合。 ……………………………………………………………（　　）

六、选择题

1. 选择接触器应当考虑其类型、额定电压、额定电流、触头数量和种类以及________。

（A）线圈额定电压　　（B）线圈额定电流　　（C）线圈额定功率

2. SB ________触头通常作为绿色启动按钮。

（A）延时　　（B）常闭　　（C）常开

3. 电动机控制线路中在启动按钮边上并联了一付接触器常开触头称为________。

（A）自锁　　（B）互锁　　（C）连锁

七、问答题

1. 简述熔断器熔体选择的基本要求。

2. 什么是继电器？请举出四种常用的继电器。

3. 简述自动开关的作用。

八、请分别画出按钮接触器“自锁”和两个接触器“互锁”的电气原理图。

实习4　小型异步电动机嵌线与接线实习指导书

姓名		班级		得分	

一、目的与要求

通过本次实习，能熟悉电机的基本结构和拆装方法，熟悉电机常用绝缘材料的选用原则，了解电机嵌线的工艺过程和绕组接线形式，基本掌握异步电机定子线圈的绕制及嵌定子线圈的操作技能。

二、实习内容

1. 掌握绕线机的正确使用方法。
2. 掌握嵌刀的用途及正确使用方法。
3. 按绕线工艺绕制异步电机定子线圈。
4. 按嵌线工艺嵌异步电机的定子线圈。
5. 按调试工艺对嵌好的定子线圈进行静态检查及动态测试。在整个调试过程中，要求学生能根据电机定子绕组的外部特征和借助常用仪表初步检查，判断定子绕组在静态或动态情况下所发生的故障，并能独立排除故障。
6. 熟悉电机绕组的各种接线方式。
7. 熟悉小型异步电机的拆装方法及常见故障的分析与排除。

三、按下列要求检验电机定子绕组质量

项　目	要　求	学生自检	指导老师检查情况
绕制线圈	（1）各相头、尾和跨接线标志正确 （2）扎线须分别于线圈两侧对角		
线圈匝数	误差≤2%		
漆包线绝缘	无损伤		
线圈外观	平、紧、齐		

四、按下列要求检验已嵌电机定子绕组的质量

项　目	要　求	学生自检	指导老师检查情况
槽绝缘	尺寸正确，放置合理		
嵌定子绕组	所嵌线位置及次序符合定子绕组展开图要求		
绕组联接形式	链式、星形接法		

（续）

项目	要求	学生自检	指导老师检查情况
相绝缘	尺寸正确，放置合理		
绕组端部的成形	喇叭口的大小要合适		
每相绕组直流电阻	不超过平均值 ±5%		
相与相绝缘	≥5MΩ		
相与地绝缘	≥5MΩ		
通电模拟空载试验	三相旋转磁场均衡		

五、绝缘材料为什么要按绝缘等级配套使用？

六、判断每相绕组的首端与尾端有几种方法？如何用试灯法判断绕组的首端与尾端？

七、简述本次实习过程中如何判断故障及排除故障的实例（举一至二例）。

实习5　数字万用表制作实习指导书

姓名		班级		得分	

一、目的与要求

通过本次实习，能掌握手工焊接技术，能获得数字万用表生产工艺的基本知识和基本装配与调试技能，掌握简单电子产品的制作要求，培养理论联系实际的科学作风，为今后从事生产技术工作打下必要的基础。

二、实习内容

1. 手工焊接练习（导线搪锡、200个以上焊盘焊接）。

2. 按工艺文件材料明细表进行元器件核对与测试。

3. 按万用表印制线路板装配图插放元件并手工焊接元件。

4. 按万用表装配工艺放置液晶片、贴面板纸、贴后盖屏蔽纸、安装量程开关、固定印制线路板。

5. 按万用表调试工艺调校基准电压。

6. 按万用表检验工艺进行外观检查、功能检查。

7. 对照本万用表出厂样本规定的指标，检查自己制作的万用表准确度。

8. 当万用表功能检查、准确度检查出现故障或偏差时，要找出故障原因，并排除故障。

三、按下列要求检验万用表

项　目	要　求	学生自检情况	指导老师检查情况
外观	元件插放整齐、正确，焊点高度一致		
液晶显示	不缺笔划、不连笔划、无阴影		
功能检查（一）	当输入端开路时电流直流档、晶体管档、交直流电压档应显示零（其中200mV和2000mV档可能有数字出现，但当短路表笔后显示应为零，200mV档开路显示应在10个字以下）		
功能检查（二）	当输入端开路时，各电阻档应显示“1”，将表笔短路时，除200Ω档可显示3个字以下外，其余各档均应显示零		
功能显示（三）	当输入端开路时，二极管档应显示“1”，表笔短路时应显示零		

四、根据工艺要求调整好基准电压后，按下列步骤检查自己制作的万用表准确度。

量　　程	标准仪器给定值	万用表样本准确度	实测值	实　测准确度	指导老师实测值
20v	6.00v	±(0.5% +2) = ±5			
200v	30.0v	±(0.5% +2) = ±3			
200mv	100.0mv	±(0.5% +2) = ±7			
200mA	30.0mA	±(0.5% +2) = ±3			
200Ω	5.4Ω	±(0.8% +2) = ±2			
2000Ω	900Ω	±(0.8% +2) = ±9			
20kΩ	2.77kΩ	±(0.8% +2) = ±4			
200kΩ	23.2kΩ	±(0.8% +2) = ±3			
2000kΩ	220kΩ	±(1% +2) = ±4			
hFE 档	PNP	—		—	
hFE 档	NPN	—		—	
750v	220v	±(1.2% +10) = ±12			
二极管档	正向压降	—		—	
二极管档	反向压降	—		—	

五、是非题

1. 电子产品装配焊接中的焊料主要采用铅铜焊料。…………………… (　　)

2. 助焊剂的主要作用是除去氧化膜、防氧化、减小表面张力的作用。………………………………………………………………… (　　)

3. 松香是电子产品中最常用的助焊剂。………………………… (　　)

4. 晶体管焊接时可以采用高温度、长时间。…………………… (　　)

5. 松香具有腐蚀性，反复加热使用呈深咖啡色的松香仍有助焊作用。………………………………………………………………… (　　)

6. 焊接温度、焊接时间是最重要的焊接工艺要素。…………… (　　)

7. 电子产品焊接时不要用电烙铁头作为运载焊料的工具。………… (　　)

8. 双面印制电路板的两面铜箔图形走线是靠孔的金属化来连接导通的。………………………………………………………………… (　　)

9. 根据电阻色环表精密电阻具有四条色环。…………………… (　　)

10. 二极管的最大正向电流和最高反向工作电压是它的主要参数。………………………………………………………………… (　　)

11. 硅二极管的正向压降约为0.2V左右，锗二极管的正向压降约为0.7V左右。……………………………………………………… (　　)

12. 发光二极管（LED）的正向压降较高，约为2V左右。 ……… (　　)

13. 电解电容没有极性，它通常用于交流电路。………………… (　　)

14. 电解电容的一个重要作用是滤波或储能。 ………………… (　　)

15. 3 $\frac{3}{4}$位数字万用表可以显示的最大数字是3999。 ……………… (　　)

16. 数字万用表观测连续变化量不及指针万用表直观。 …………… (　　)

17. 数字万用表的基本表是一块直流电流表。 ……………………… (　　)

18. 数字万用表具有手动调零，但不具有极性显示。 ……………… (　　)

19. 本制作中二极管 VD_1 是作为交流电压挡半波整流之用。 ……… (　　)

20. 本制作中热敏电阻（PTC）是作为万用表过电压保护作用。 … (　　)

21. 万用表测量电压时表笔应串联在电路中，测量电流时表笔应并联在电路中。 ……………………………………………………………… (　　)

六、选择题

1. 本制作中晶体管 VT_1 是作为________之用。

（A）过电流保护装置　（B）电阻挡保护装置　（C）接地保护装置

2. 常规 20W 内热式电烙铁头部温度有________度以上。

（A）300　（B）400　（C）500

3. 本实习制作的数字万用表可以显示的最大数字是________。

（A）19999　（B）39999　（C）1999

4. 数字万用表 COM 端它表示________。

（A）模拟地　（B）基准电压端　（C）数字地

5. 本制作中的数字万用表蜂鸣器挡采用了 LM358 ________运放。

（A）一单元　（B）二单元　（C）三单元

6. DT832 型万用表蜂鸣器挡，当红、黑表笔间电阻小于________欧姆才会蜂鸣。

（A）70　（B）700　（C）7k

7. 如误用数字万用表的电流挡去测量 220V 交流电压，将会出现________情况。

（A）断路　（B）溢出　（C）短路

8. 某人制作的数字万用表测量交流电压，液晶显示出负极性，这是由于________原因。

（A）整流二极管焊反　（B）红黑表笔插反　（C）液晶装配有误

七、问答题

1. 简述 hfe 的含义与公式。

2. DT832 型万用表的康铜丝和快熔管分别作何用？

3. DT832 型万用表液晶字符有哪些特别指示？

4. 手工焊接对焊点质量的基本要求是什么？

5. 简述二极管、稳压管的基本作用？

附　　录

附录 A　常见低压电器元件的图形符号

名　　称	图形符号	文字符号	名　　称	图形符号	文字符号
电阻	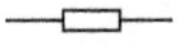	R	半导体二极管		V
熔断器		FU	接触器电磁线圈	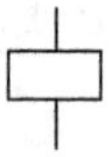	KM
线圈绕组			接触器的常开(动合)触头		KM
三相笼型电动机		M	接触器的常闭(动断)触头		KM
单极开关		Q	继电器的常开(动合)触头		符号与其电磁线圈相同
手动三极开关	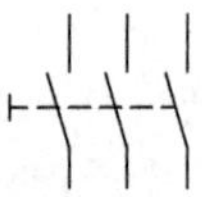	Q	继电器的常闭(动断)触头		

（续）

名　　称	图形符号	文字符号	名　　称	图形符号	文字符号
动合按钮	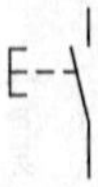	SB	延时断开的常开触头		KT
动断按钮	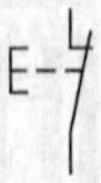	SB	延时闭合的常开触头	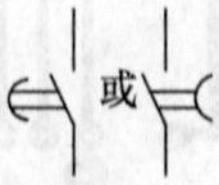	
动断动合按钮	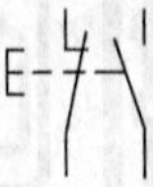	SB	延时闭合的常闭触头	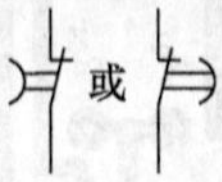	
欠压继电器电磁线圈		KA	延时断开的常闭触头	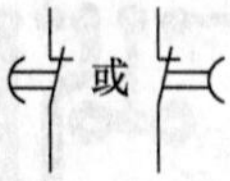	
过流继电器电磁线圈	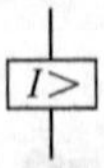	KI	限位开关的动合触头		SQ
热继电器热元件	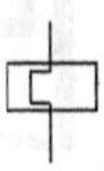	FR	限位开关的动合触头		SQ
热继电器的常开触头	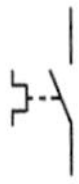	FR	信号灯		H

附录 B、附录 C、附录 D 见全文后插页。

附录E 温显仪印制电路板图一

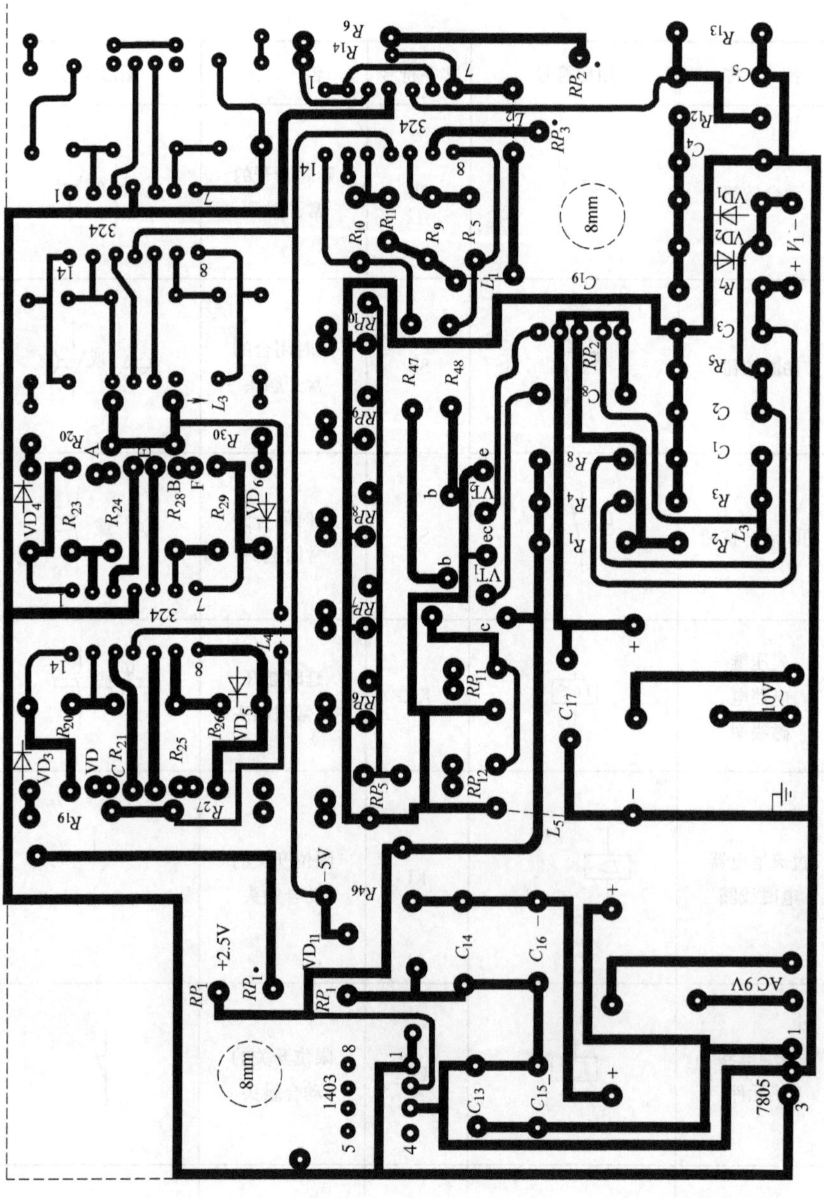

附录F 温显仪印制电路板图二

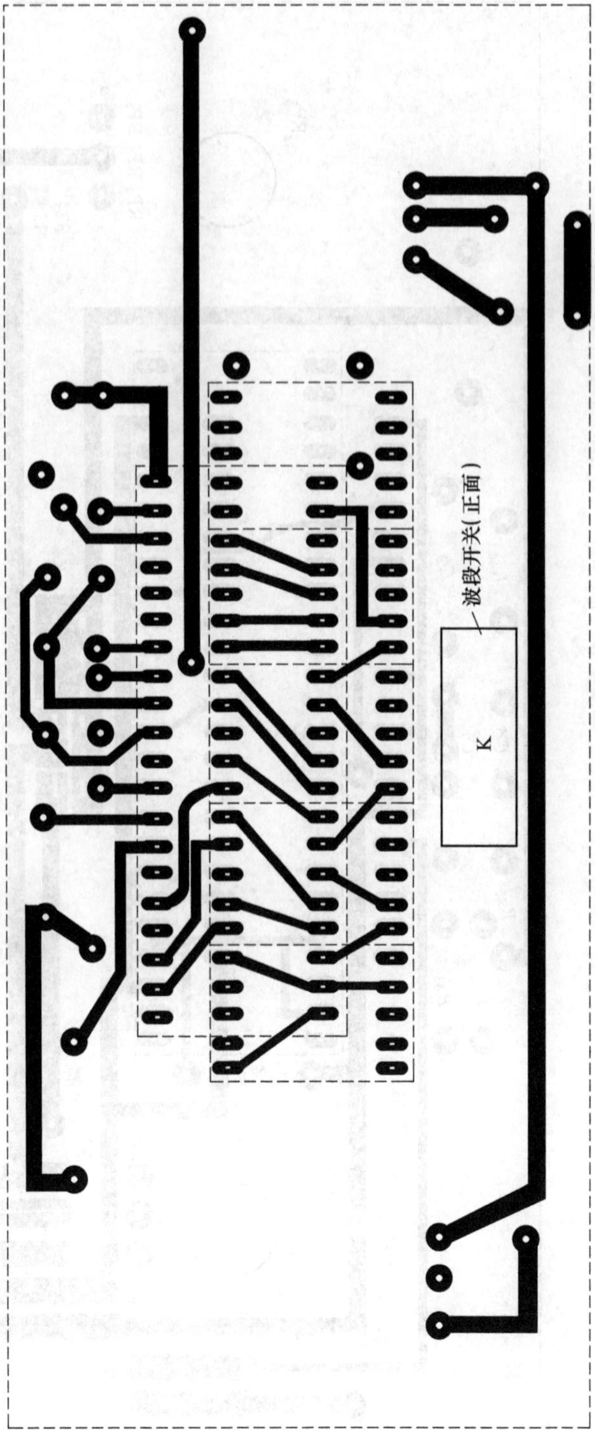

附录G 温显仪印制电路板图三

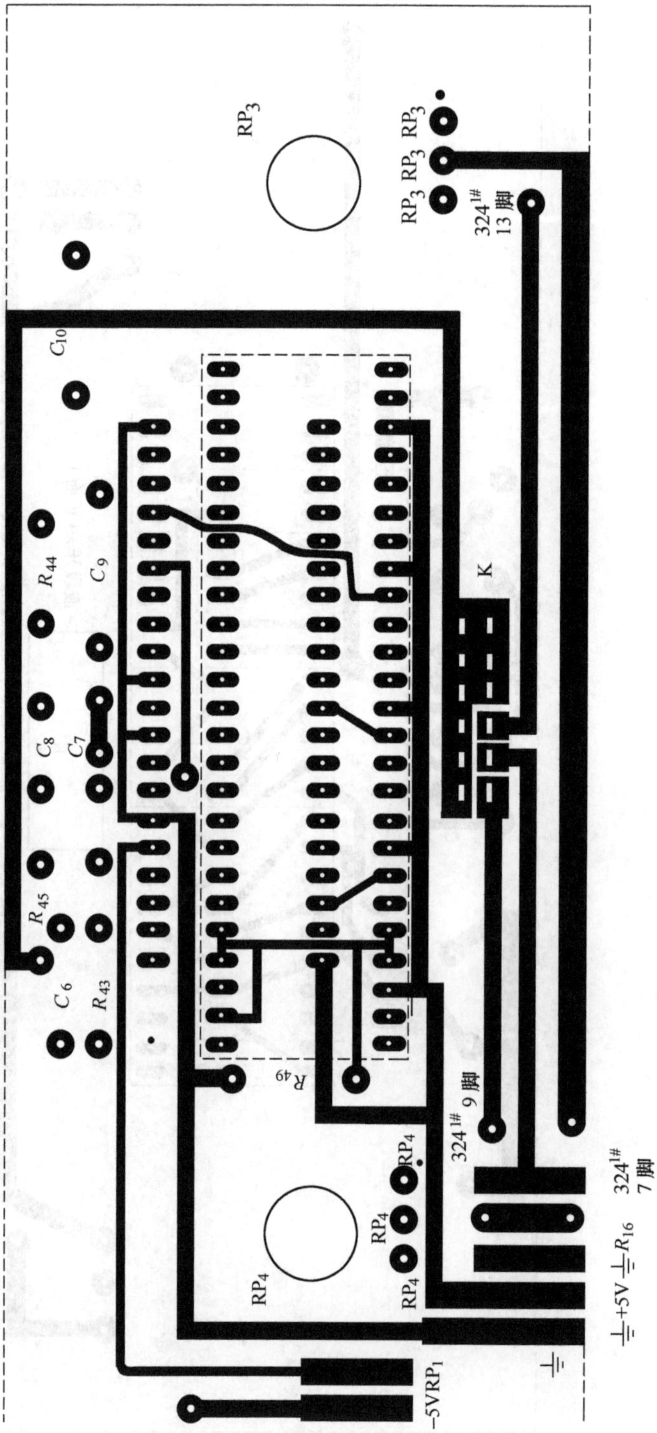

参 考 文 献

[1] 王炳勋．电工实习教程［M］. 北京：机械工业出版社，1999.
[2] 陈肇元．电气实习［M］. 上海：上海科学技术出版社，2003.
[3] 赵红顺．电工实用技术自学通［M］. 北京：中国电力出版社，2004.
[4] 廖常初．FX 系列 PLC 编程及应用［M］. 北京：机械工业出版社，2005.
[5] 胡学林．可编程控制器教程：实训编［M］. 北京：电子工业出版社，2004.
[6] 周惠潮．常用电子元件及典型应用［M］. 北京：电子工业出版社，2005.
[7] 王卫平．电子工艺基础［M］. 北京：电子工业出版社，2003.
[8] 张晓东．有趣的家用电子制作［M］. 北京：人民邮电出版社，2003.

除以上正式出版物外，本书还参考了：
[1] 杨益群．电工电子实习教程．上海：上海应用技术学院，2005.